광 주 백 서

광주백서
1980년 광주에서 기록된 최초의 항쟁백서

초판 1쇄 인쇄 2018년 1월 5일
초판 1쇄 발행 2018년 1월 10일

지은이 소준섭
펴낸이 김지훈
펴낸곳 도서출판 어젠다

출판등록 2011년 7월 26일 (제2015-000263호)
주　소 서울시 마포구 양화로 7길 61-6(서교동)
전　화 (02)333-5897 | 팩스 (02)333-8460
이메일 agendabooks@naver.com

ⓒ 2018

ISBN 978-89-97712-31-1 03910

이 도서의 국립중앙도서관 출판예정도서목록(CIP)은 서지정보유통지원시스템 홈페이지(http://seoji.nl.go.kr)와 국가자료공동목록시스템(http://www.nl.go.kr/kolisnet)에서 이용하실 수 있습니다.(CIP제어번호: CIP2017034076)

광 주 백 서

1980년 광주에서 기록된 최초의 항쟁백서

대표 기록자 소준섭

어젠다

출간에 부쳐

"광주백서"의 출간에 부쳐

설갑수

재미교포, 언론인, "죽음을 넘어 시대의 어둠을 넘어" 영문판 "Gwangju Diary: Beyond Death, Beyond The Darkness of The Age"(5.18 기념재단: 2017)의 편집 번역자.

촛불혁명 1주년을 맞아

2016년 10월부터 시작되어 이듬해 3월, 헌법재판소의 박근혜 탄핵 판결로 마무리된 촛불혁명은 민주주의 복원과 도약의 기회를 가져온 것은 물론, 80년 5월 광주항쟁의 진상 규명의 새로운 전기를 밝혔다.

　이 글을 쓰고 있는 순간, 촛불혁명은 1주년을 맞았다. 뜻있는 많은 이들에게는, 문재인 정권의 개혁이 더디고, 느려 보인다. 그나마, 제 속력을 내고 있는 것은 광주항쟁의 진상 조사인 듯하다. 그러나 그 속사정을 어지간히 아는 사람들은 이것조차 쉽지 않을 것이라는 것을 알고 있다. 항쟁은 무려 37년 전에 일어났고, 그 동안 왜곡과 천시에 시달려왔다. 쉼 없이 진상요구 투쟁을 행한 광주 시민과 민주 시민들이 있었으나, 사실상 진상 규명과 학문적 연구는 역설적으로 1996년 전두환 노태우 구속 이후 답보되었다.

지역 문제로 축소된 '광주'

돌이켜 보자면, 광주항쟁 진실 투쟁의 두 개의 기둥, 즉 역사적 평가와 진상규명 그리고 피해자 보상과 명예회복은 분리해서 진행했어야 했다. 다시 말해, 피해자 보상과 명예회복은 몇 가지 원칙 아래 새로운 대상자들이 나올 때마다 꾸준히 해야 하고, 역사적 평가와 진상규명은 장기적인 목표와 계획을 실행할 수 있는 구조를 갖고 시행해야 했다. 그러나 진상규명과 명예회복이 본격 시작된 김영삼 정부는 피해자 보상과 명예 회복을 대가로 진상규명을 피해가자는 것으로 틀을 잡았다. 1993년 5월 13일에 발표한, 5월 항쟁에 대한 김영삼의 특별 담화는 그 시작이었고, 1995년 전-노 구속은 사법부의 힘을 빌린 이 기본 틀거리의 정점이라면, 1997년 전-노의 사면은 그것의 완성이라 할 수 있겠다.

말하자면, 군부와 정치권을 비롯한 한국의 집권 엘리트는 광주를 지역의 문제로, 사법적 처리 대상으로 가둬 버렸다.

2017년 하반기에 들어서, 광주항쟁 관련 뉴스가 넘쳐나고 있다. 그러나 광주항쟁의 진상에 관심이 있는 사람이라면, 이러한 대부분의 뉴스가 일종의 리사이클이라는 것을 알 것이다. 신군부의 광주 폭격 준비설부터 광주 교도소 암매장 그리고 그 엄청난 탄환 소요까지 88년 5공청문회 정국 이후 한 번쯤은 드러나고, 한 번쯤은 보도된 내용들이다.

결국, 보상을 통해 광주를 달래고, 진상규명을 유보한 것은 한국 현대사 가운데 가장 찬란한 민중항쟁을 지역 문제로 축소시켰다. 발포 명령자 규명을 포함한 진상규명을 계속할 구조는 없고, 동력은 약하니 정체되었으며, 대중의 의식에서도 희미해졌다. 또한 9년 보수정권 기간 내내, 극우들의 광주항쟁의 왜곡이 가능했다. 그래서 촛불혁명이 열어준 정치 공간 2017년, 우리는 광주의 대한 집단 이해는 심화되지 못하고 안타까운 복기와 복습을 거듭하고 있다.

"광주백서"의 의미와 관련하여

나는 이 복잡한 사정의 피해자 중의 하나가 소준섭의 "광주백서"(이하 "백서")라고 생각한다. 알려진 대로, 1982년 비합법 출판물로 출간된 "백서"는 항쟁 이후, 광주의 진실을 인쇄물로 알리는 최초의 시도였다. 소준섭의 증언에 따르면, 당시 학생운동으로 수배 중인 저자가 김상집을 비롯한 10여 명의 항쟁 참가자에서 증언을 청취, 토론 후 이 소책자를 만들었다고 한다.

"광주백서"는 1985년 풀빛출판사에서 출간된 "죽음을 넘어 시대의 어둠을 넘어"(이하 "넘어넘어")의 골격을 제공했다. 이 책은 나와 닉 마마타스(Nick Mamatas)가 "Kwangju Diary: Beyond Death, Beyond The Darkness Of The Age"로 편집 번역하여, UCLA Monograph Series로서 1999년에 미국에서 출간됐다. 그 후 2016년, 5.18 기념 재단이 판권을 영구히 확보해 새로 출간됐다.

"넘어넘어"가 사실상 광주항쟁의 성전으로 역사 속에 자리매김하는 사이, 이 책의 원본이라 할 수 있는 "백서"는 거의 빛을 보지 못했다. 나는 이 불행한 사실이 위에서 다소 장황하게 이야기한 광주의 지역화와 무관하지 않다고 생각한다.

80년 5월 항쟁 10일 동안, 광주는 외로운 섬처럼 고립되어 있었다. 그 고립은 군사적이며 물리적이었다. 그 후 광주의 고립은 정치적이며, 지역적이었다. 그 정치적 지역적 고립 속에서, 광주는 광주 외부에서 이뤄진 "백서"라는 공헌을 제대로 평가하지 않았던 것 같다. 그런 탓에 금년에 "넘어넘어" 증보판이 출판되었건만, 역시 "백서"의 가치를 여전히 온전히 조명 받지 못하고 있다.

따라서 소준섭의 "광주백서"의 '재출간'(80년대 초에 '비합법적'으로 세상에 나왔으나 합법적으로 출간된 것은 이번이 처음이므로 '재출간'이라 말하겠다)은 이러한 안타까운 상황을 끝내는 하나의 전환점이 될 것이라 믿는다. 광주에 대한 관심과 열정이 온 나라로 퍼진 보기 드문 시기 2017년, 촛불이 밝힌 이 시대에 광주 항쟁의 전모를 최초로 전국으로 알린 "백서"의 재출간은 매우 적절하다고 하지 않을 수 없다.

　"광주백서"의 이번 재출간이 광주가 고립에서 벗어나고 광주 항쟁의 위대한 민주주의 전통이 전국에 각인되는 계기가 되기를 기원한다.

'광주'의 진실을 밝히는 일은 인권과 민주주의가 바로 서는 지름길이다

인재근
국회의원

80년대, '구월동 식구'들

"광주백서"와의 인연은 인천에서 시작된다.

1980년 6월, 나는 인천 구월동의 한 아파트에서 남편 김근태 그리고 두 살 된 아들 병준이와 함께 살고 있었다. 그러던 어느 날 남편 김근태의 친구이자 민주화운동 동지인 신동수 씨가 한 젊은이를 데려왔다. 수배자 소준섭이었다. 소준섭의 상황은 매우 열악했다. 장결핵에 걸려 잘 걷지도 못했다. 그렇게 우리 가족에 합류한 소준섭은 우리 집에서 치료 겸 '은닉' 생활을 한 달쯤 했다.

한편 당시 수배자였던 박우섭 씨와 문국주 씨를 비롯하여 이범영, 청계피복 수배노동자 민종덕 씨, 박승옥 씨 등이 우리가 살고 있던 아파트 옆옆 동에 살게 되면서 소준섭도 그쪽으로 옮겨 갔다.

이렇게 하여 이른바 '구월동 식구'가 만들어졌다.

서슬 퍼렇던 그 시절, "광주백서"를 만들고 알리다

우리와 '구월동 식구'들은 거의 한 가족처럼 지냈다.

자주 식사도 같이 하고 겨울에는 김장도 같이 담았다. 김장만 해도 대식구라 배추 100포기 정도 담는 '대규모 행사'였다. 구월동 식구들은 이렇게 모여 매일같이 민주화운동의 방향과 실천에 대한 논의를 진지하게 나누었다. 남편 김근태도 자주 자리를 같이 했는데, 그 자리에 나도 가끔씩 참석하였다. 그러나 비록 가끔씩 갔지만, 나는 옆 동 아파트의 '구월동 식구'들 동향이랄까 이야기의 모든 줄거리는 이미 손바닥 보듯 다 알 수 있었다. 왜냐하면 소준섭이 매일같이 우리 집에 와서 모든 얘기를 마치 정보원이 기관에 보고를 하듯 시시콜콜 전해주었기 때문이었다.

그렇게 2년여의 시간을 보내며 "광주백서"의 탄생에 대한 비밀도 알게 되었다. 81년 초 겨울에 구월동에서 제작하고 전국에 배포한 "광주백서" 얘기도 '백서'를 광주에서 기록했던 당사자 소준섭으로부터 아주 자세하게 '보고'를 받고 있었다. 또 구월동 식구들이 당시 서슬 퍼런 전두환 군사정권의 치하에서 어떤 비장한 각오로 어떤 위험을 무릅쓰고 "광주백서"를 만들고 배포했는지 그 누구보다 잘 알고 있기에 광주의 아픔과 함께 나도 모르게 가슴이 떨린다.

한 시도 내일의 희망에 대한 기대를 꺾은 적이 없었다

30여 년 전 구월동 시절을 돌이켜본다.

남편 김근태도 나 인재근도 인천 구월동의 그 시절이 참으로 보람 있는 나날이었다. 객관적으로는 비록 잔인하기 짝이 없는 전두환 군사독재의 폭압이 계속되던 나날들이었지만, 우리는 한시도 내일의 희망에 대한 기대를 꺾은 적이 없었다. 우리는 그 어떤 어둠과 장애물이라도 반드시 돌파하여 승리하리라는 것을 의심치 않았다. 그래서 모두들 항상 웃는 얼굴이었고, 서로에게 무한대의 신뢰를 지녔다.

나는 그러한 상호 간의 긍정과 신뢰가 있었기에 구월동 식구들이 훗날 민주화 운동의 중요한 역할을 하였고 대한민국의 정치발전에도 기여할 수 있지 않았나 생각해본다.

오월 광주를 다시 생각하며

오월 광주를 다시 생각한다.

아직도 그 진실이 채 밝혀지지 않고 있는 오월 광주. 그러나 오월 광주를 다룬 '택시운전사'의 대흥행에서 드러나듯 밝혀지지 않은 진실에 대한 국민들의 갈증은 강하기만 하다. 보수정권 집권기 내내 오월 광주에 대한 역사적 폄훼와 왜곡이 집요하게 계속 되었지만 시민들의 촛불혁명과 함께 모든 것이 새롭게 자리 잡고 있다.

그 진실은 반드시 투명하게 밝혀지고 공개되어야 할 일이며, 이는 이 나라의 인권과 민주주의가 올바로 서는 지름길임을 확신한다.

오월 광주도 "광주백서"도 이제 어느덧 30여 년 전의 사건이고 기록이다.

위대했던 촛불시민들의 힘으로 정권이 교체되면서 오월 광주도 다시 조명 받고 있다. 이제 "광주백서"가 공식적으로 출간되는 것은 광주의 진실을 밝히는 소중한 작업이다.

"광주백서"를 계기로 인천 구월동 시절의 민주주의와 인권에 대한 열정을 되살리며 광주의 진실을 밝히는 대장정에 미약하나마 최선의 노력을 다해갈 것임을 다시금 다짐해본다.

서문

기억의 힘, "광주백서"를
오늘 다시 부활시키며

'광주'는 여전히 '현재 진행형'이다

1980년 5월 18일부터 27일까지 열흘 동안 남도의 빛고을 광주
에서는 결코 있어서는 안 되는 비극이 발생하였다.

　그것은 권력에 굶주린 광분한 독재자에 의해 공공연하게 자
행된 가장 잔혹하고 무자비하며 비인간적인 사건이었다. 지금
그로부터 수십 년이 흘렀다. "누구나 알고 있지만, 그 누구도 증
언하지 않고 있는" 발포 명령자를 드러내는 핵심문제부터 헬기
기총 사격, 교도소 암매장, 민간차량에 대한 무차별 사격 등등 참
혹했던 그 비극의 진실과 전모는 오늘까지 제대로 밝혀지지 않
고 있다. 그리하여 광주는 여전히 '현재 진행형'이며, 아직도 계
속되고 있다.

이제 광주는 결코 권력의 성격에 따라 자의적으로 평가되어서는 안 된다. 돌이켜보면 이명박 박근혜 시대를 거치면서 광주는 더 이상 추락할 수 없을 만큼 폄하되었다. 광주 희생자에 대하여 '홍어'로 지칭하는 조롱과 광주 항쟁이 북한군 투입에 의한 반란이라는 폄훼와 왜곡은 그 절정이었다. 특히 박근혜 시대는 박정희 전두환 정권 이후의 모든 변화를 부정하고자 한 '보수 반동(反動)의 시대'였고, 역사를 모조리 되돌리려는 역사 부정과 왜곡이 극단적으로 시도되었다.

광주의 진실은 반드시 명명백백하게, 오롯이 밝혀져야 한다. 광주의 진실이 밝혀지지 않고서 우리는 이 땅의 민주주의와 인권을 말할 수 없다. 흔히 역사는 거울(鑑)이라고 일컬어진다. 지나간 역사를 오늘과 내일의 거울로 삼아 성찰하고 과오를 다시 되풀이하지 않기 위함이다.

역사의 '거울'을 잊고 성찰하지 않는 민족에게 결코 내일이 있을 수 없다.

'5 · 18' 왜곡 · 모독, 용납될 수 없는 '국민선동죄'다

지금 80년 광주민주화운동의 비극적인 진실이 하나둘씩 밝혀지고 있다. 피어린 증언도 이어지고 있다. 수십 년이 흘러간 오늘에도 그 사실들을 접할 때마다 온몸에 전율이 일어난다.

하지만 우리 사회의 한편에서는 여전히 5 · 18 광주민주화운동에 대한 왜곡과 비방이 계속되고 있다. 이른바 '홍어' 등 전라도 비하 발언부터 '광수'로 대표되는 북한군 개입설 등 왜곡으로 가득 찬 정보들이 끊임없이 생산되고 유통되고 있다.

현재 광주민화운동에 대한 이들 왜곡과 비방 행위에 대한 처벌은 기껏해야 '정보통신망 이용 촉진 및 정보보호 등에 관한 법률'의 위반 혐의를 적용하는 것에 불과하다. 그리하여 거의 대부분 솜방망이 처벌에 그치며, 심지어 불기소 처분도 많다.

5·18 민주화운동 과정의 집단살해는 이미 "헌정질서 파괴 범죄행위"로 단죄된 국가범죄다. 따라서 그 국가범죄에 대한 부인(否認)과 왜곡 그리고 비방 행위는 단순히 명예훼손에 그칠 수 없다. 그것은 우리 사회가 공동으로 약속한 공공질서를 공공연하게 파괴하는 행위이며, 이는 '국민선동죄'에 해당한다. 왜냐하면, 그것은 더 이상 개인적 법익인 모욕죄의 차원이 아니라 사회적 법익인 공공질서에 대한 범죄이기 때문이다.

본서의 박학모 연구위원의 글에서 상술하고 있는 바처럼, 독일에서 나치 학살 왜곡은 국민선동죄 형법으로 처벌한다. 히틀러 나치의 유대인 집단학살, 즉 '홀로코스트'는 독일만이 아니라 인류의 비극이다. 독일에서도 이 학살행위를 부인하고 왜곡하는 행위가 단절되지 않았고 오히려 네오나치에 의해 발호하는 양상도 존재해왔다. 독일 형법 제130조 국민선동죄 제3항에 독자적인 홀로코스트 부인 금지 조항의 범죄구성요건은 행위를 통해 "공공의 평온"이 이미 침해되는 '결과'를 요하지 않으며 심지어 구체적으로 위태롭게 할 '위험'의 발생도 요구하지 않는다. 행위의 불법성을 인정하는 데는 그 행위로 법적 안정성에 대한 신뢰가 흔들릴 수 있다는 근거 있는 우려가 존재하기만 하면 된다.

　일부 논자들은 5 · 18 광주에 대한 왜곡행위 처벌과 관련하여 '표현의 자유'를 제기한다. 그런데 독일연방헌법재판소는 표현의 자유의 제한과 관련하여 표현의 자유를 존중하는 태도를 견지하지만, 홀로코스트 부인은 이미 입증된 명백한 허위사실로서 "의견 형성"에 아무런 기여를 할 수 없다는 이유로 기본권의 보호범위에 속하지 않는다고 판시하여 아예 헌법적 보호를 배제하고 있다.

"광주백서"를 오늘 다시 부활시키며

여기 "광주백서"는 80년 말 '광주'의 진실을 위해 광주에서 작성되었던 기록이다. 처음 이 기록물이 지하 팸플릿으로 만들어져 사람들 사이에 몰래 전해지던 그때, 이 기록물은 "광주백서"라는 이름으로 세상에 알려졌다.

　다시 수십 년이 흐른 지금 이 기록을 감히 세상에 펴내는 까닭은 여전히 채 밝혀지지 않고 있는 그날의 비극의 진상을 밝히는 데 미력이나마 보태고자 함이다. 또 그날의 비극을 오늘 다시금 기어코 기억함으로써 다시는 이 땅에 그러한 비극이 재발되지 않기 위한 '기억의 투쟁'이며, 당시 진실을 밝히려는 사람들의 기록을 역사에 남기려는 '역사의 기록'일 터이다. 그리하여 당시 기록과 증언, 제작, 배포 과정에 함께 한 분들의 글을 비롯하여 오늘 '광주'의 의미와 평가를 담은 글들을 수록하였다. 일상의 바쁜 나날에도 수십 년 전 기억을 되살려 주신 분들께 이 자리를 빌어 다시금 고마움을 전하며, 어려운 상황에서도 기꺼이 출판을 실천해 준 어젠다 출판사 김지훈 대표에게도 감사드린다. 무엇보다도 그날 광주에서 스러져가신 영령들에게 헌책(獻冊)하고자 한다.

아무쪼록 우리의 시민의식이 강고하게 우리의 민주와 인권을 지켜낼 수 있을 만큼 성장하는 데 우리의 이 미약한 작업이 조금이라도 보탬이 될 수 있다면 더할 나위 없는 영광이 될 것이다.

광주의 진실 규명을 위하여 그리고 이를 바탕으로 하여 이 땅의 민주주의와 인권이 불가역적으로 정착되고 제도화될 수 있기 위한 대장정에 이 조그마한 책을 바친다.

다시 한 번 80년 5월 광주의 그 숭고한 희생을 마음 깊이 기린다.

대표 기록자

소준섭

차
례

※이하 광주백서 본문은 당시 타자기로 기록된 문서를 복원하였습니다. 따라서 최근의 단어와 문법과는 다소 이질적인 부분이 곳곳에 있으나, 당시의 현장감을 살리고자 원본의 문장을 최대한 가감 없이 옮겼음을 미리 밝힙니다.

광 주

백　　　서

아아! 광주여 우리나라의 십자가여

김준태

아아, 광주여 무등산이여
죽음과 죽음 사이에
피눈물을 흘리는
우리들의 영원한 청춘의 도시여

우리들의 아버지는 어디로 갔나
우리들의 어머니는 어디서 쓰러졌나
우리들의 아들은 어디에서 죽어 어디에 파묻혔나
우리들의 귀여운 딸은
또 어디에서 입을 벌린 채 누워있나
우리들의 혼백은 또 어디에서 찢어져 산산이 조각나 버렸나

하느님도 새떼들도 떠나가 버린 광주여
그러나 사람다운 사람들만이
아침저녁으로 살아남아 쓰러지고 엎어지고 다시 일어서는
우리들의 피투성이 도시여
죽음으로써 죽음을 물리치고
죽음으로써 삶을 찾으려 했던
아아! 통곡뿐인 남도의
불사조여 불사조여 불사조여

해와 달이 곤두박질치고
이 시대의 모든 산맥들이
엉터리로 우뚝 솟아있을 때
그러나 그 누구도 찢을 수 없고 빼앗을 수 없는
아아! 자유의 깃발이여
인간의 깃발이여
살과 뼈로 응어리 진 깃발이여

아아! 우리들의 도시
우리들의 노래와 꿈과 사랑이
때로는 파도처럼 밀리고
때로는 무덤처럼 뒤집어 쓸지언정
아아, 광주여 광주여

이 나라의 십자가를 짊어지고
무등산을 넘어
골고다 언덕을 넘어가는
아아, 온몸에 상처뿐인
죽음뿐인 하느님의 아들이여

정말 우리는 죽어버렸나
더 이상 이 나라를 사랑할 수 없이 죽어버렸나
정말 우리들은 아주 죽어버렸나

충장로에서 금남로에서
화정동에서 산수동에서 용봉동에서 지원동에서
양동에서 계림동에서
그리고 그리고 그리고
아아, 우리들의 피와 살덩이를
삼키고 불어오는 바람이여
속절없는 세월의 흐름이여

지금 우리들은 다만
쓰러지고 쓰러지고 울어야만 하는가
공포와 몸숨김으로
어떻게 숨을 쉬어야만 하는가

아아, 살아남은 사람들은
모두가 죄인처럼 고개를 숙이고 있구나
살아남은 사람들은 모두가
넋을 잃고 밥그릇조차 대하기 어렵구나 무섭구나
무서워 어쩌지도 못하는구나

(여보 당신을 기다리다가
문밖에 나가 당신을 기다리다가
나는 죽었어요……
왜 나의 목숨을 빼앗아갔을까요
셋방살이 신세였지만
얼마나 우린 행복했어요
난 당신에게 잘해주고 싶었어요.
아가, 여보!
그런데 나는 아이를 밴 몸으로
이렇게 죽은 거예요 여보!
미안해요 여보!
나에게서 목숨을 빼앗아가고
나는 또 당신의 전부를
당신의 젊음 당신의 사랑 당신의 아들
당신의 아아 여보!
내가 결국 당신을 죽인 것인가요?)

아아, 광주여 무등산이여
죽음과 죽음을 뚫고 나가
백의의 옷자락을 펄럭이는
우리들의 영원한 청춘의 도시여
불사조여 불사조여 불사조여
이 나라의 십자가를 짊어지고
골고다 언덕을 다시 넘어오는
이 나라의 하느님 아들이여

예수는 한 번 죽고 한 번 부활하여
오늘까지 아니 언제까지 산다던가
그러나 우리들은
몇백 번을 죽고도 몇백 번을 부활할
우리들의 참사랑이여
우리들의 빛이여 영광이여 아픔이여

지금 우리들은 더욱 살아나는구나
지금 우리들은 더욱 튼튼하구나
지금 우리들은 더욱
아아, 지금 우리들은
어깨와 어깨, 뼈와 뼈를 맞대고
이 나라의 무등산을 오르는구나

저 미치도록 푸르른 하늘을 올라
해와 달을 입맞추는구나

광주여 무등산이여
아아, 우리들의 영원한 깃발이여
꿈이여 십자가여 세월이 흐르면 흐를수록 더욱 젊어갈 청춘
의 도시여
지금 우리들은 확실히 굳게 뭉쳐있다 확실히 굳게 손잡고 일
어선다.

발단- 학생 시위: 5월 18일

연행

5월 17일 24시, 군부 소장파는 비상계엄을 전국으로 확대시킨 "5.17 쿠데타"를 감행했다. 이와 함께 정치활동금지, 대학휴교, 집회, 시위, 태업, 파업금지 등을 명한 포고령 10호가 발표됐다. 때를 맞춰 정치인, 학생들에 대한 검거 선풍이 한밤중에 전국에 몰아쳤다. 광주도 역시 마찬가지였다.

5월 18일 0시 5분을 기하여 군, 수사기관 요원들에 의해 전남대 복적생 김상윤, 정동년, 하태수, 문덕희, 박형선, 전남대 인사대 학생회장 박선정, 자연대 학생회장 윤목현, 조선대 복적생 유재도, 유소영 등의 학생이 연행되었고 교수 2명도 연행되었다.

그리고 18일 새벽, 전남대, 조선대 등 대학에 공수부대가 진주해 학교에 남아있던 다수의 학생들을 본부 건물에 구금하고 구타했다.

전남대 정문에서 충돌

18일, 오전 9시경부터 전남대 학생들은 휴교령 시, 10시에 학교 정문에 모인다는 학생회의 결의에 따라, 혹은 간밤 일련의 사태에 대한 궁금증에, 혹은 가방을 찾으러 전남대 정문에 모여들기 시작하였다. 정문에는 완전무장한 공수부대가 굳게 지키고 서 있었다.

10시경이 되자, 학생들은 500명으로 불어났다. 이즈음 학생들 사이에 "계엄군 물러가라", "전두환 물러가라"등의 구호가 터져 나왔다. 이에 공수부대는 "돌격 앞으로"를 감행, 착검한 총 개머리판과 곤봉으로 무차별 구타, 상당수의 학생들이 부상당했다. 심지어 대검까지 휘둘러 2명이 대검에 찔리기까지 하였다. 격분한 학생들이 돌멩이를 던지며 20여분 동안 투석전을 전개하였다.

학생 가두 진출, 시위 확산

공수부대와의 치열한 투석전이 전개되던 중, "금남로로 나가자"라는 구호가 여기저기 나왔다. 이에 300여 명의 학생들이 대오

를 지어 "휴교령 철폐", "계엄 해제", "전두환 물러가라", "신현확
은 물러가라" 등의 구호를 외치며 가두로 진출했다.

전남대 – 신역 – 공용터미널 – 금남로의 코스로 (약 3킬로미터)
11시경 금남로 3가 카톨릭센터 앞에 이르렀다. 여기에서 연좌시
위에 들어가 "전두환이 쿠데타를 일으켰습니다", "군부 독재가
시작되었습니다", "김대중을 석방하라" 등의 구호를 외치며 성
토를 계속했다. 연도에 시민들이 둘러싼 채 학생들은 계속 모여
들어 2천여 명으로 불어났다. 이때 약 2백 명의 전투경찰이 페퍼
포그 차를 앞세우고 양편에서 포위망을 좁히기 시작했다. 학생
들은 경찰의 강제해산에 대비, 보도블록을 깨 투석전을 준비했
으며 노변의 대형 시멘트, 화분을 끌어다 바리케이드를 쌓았다.

11시 50분경 전투경찰은 페퍼포그와 최루탄을 쏘아대며 포
위망을 좁혀 진압 개시, 곤봉으로 구타하자 학생들은 충장로, 한
일은행, 카톨릭센터 옆 길 등 옆 골목으로 흩어졌다. 그러나 골목
에서 다시 모여들어 수많은 시민들이 에워싼 가운데 다시 결집,
전경대와 투석전을 전개했다.

전경대는 즉각 증강되어 500명 이상으로 충원되었지만 학생
들도 저항이 완강하여, 금남로를 둘러싼 이 공방전은 오후 3시
경까지 계속되었다. 이 과정에서 학생뿐만 아니라 학생 아닌 상
당수의 청년들도 합세하였다. 이들 시위대는 충장로파출소를 파
괴하고 우체국 옆에서는 화염병을 던져 지프를 불태웠다. 이 와
중에 수십 명의 학생들이 체포, 연행되었다.

오후 2시 반경 데모 대열은 "전두환은 물러가라", "군부독재 물러가라", "시민들은 합세하라" 등의 구호를 외치고 "홀라송", "정의가", "애국가"를 부르며 전경대와 치열한 공방전을 계속했다. 연도의 시민들 사이에서도 "저놈들 죽여라", "끝까지 밀고 나가" 등의 고함이 터져 나왔으며 박수갈채로 격려했다.

그러나 금남로에서 전경대의 완강한 저항에 부딪치자, 학생들은 외곽지대로 돌며 학생, 청년들을 동원하고자 방향을 돌렸다. 여기에서 두 팀으로 나뉘었는데 한 팀은 광주공원 앞에서 집결, 한일은행 방면으로 나갔고, 다른 한 팀은 광주천을 끼고 돌아 광주공고 방면으로 향했다. 노변의 학생, 청년들이 속속 집결해 두 팀은 각각 4,5천 명에 이르렀다. 광주공고 방면으로 나아간 시위대열은 독재정권의 하수인 경찰에 타격을 가하기 위해 각 파출소를 쳐부수었다. 그리하여 4시경까지 동명파출소, 지산파출소를 파괴하고 지산파출소 앞에서는 경찰 오토바이 2대를 불태웠다.

공수부대 투입

한편 한일은행 방면으로 나아간 시위대열은 계속해서 공용터미널까지 나아갔다.
그런데 바로 여기에서 공수부대와 맞부딪쳤다.

원래 공수부대는 "화려한 휴가"라는 명칭의 1차 작전부터 "충성"으로 끝나는 마지막 5차 작전까지의 임무를 띠고 이미 5월 10일부터 1차 1000명 정도가 광주 상무대에 도착해 훈련을 받고 있었다. 이 제7공수 특전단은 경찰인력만으로 시위를 막지 못하자 오후 4시부터 제1차 "화려한 휴가" 작전을 감행했던 것이다.

이들은 경찰과는 달리 착검한 총을 등에 메고 곤봉(경찰용 길이보다 1.5배, 두께 2배)을 손에 들고 있었으며 진압방법도 잔인하기 그지없었다. 공수대들은 공용터미널에서 시위대와 부딪치자마자 엠16 개머리판, 곤봉으로 시위대들을 무참히 구타하였으며 흩어져 도망치는 학생을 끝까지 추격, 학생이 숨은 건물 내부 심지어 안방까지 쫓아 들어가 구타했으며 대검으로 무차별 난자했다. 아스팔트 위에는 검붉은 피로 물들기 시작했다. 옆에서 지켜보던 시민들은 공수대의 만행에 비명을 지르며 뒤로 나자빠지는가 하면 피신하느라고 일대 혼잡을 이루었다. 피하는 사람들의 비명, 서로 먼저 빠져나가려는 자전거의 충돌, 머리를 곤봉으로 가격 당해 피를 흘리며 도망치는 학생…… 그리하여 5천여 시위대 중 적어도 30명의 사상자가 나왔다고 인근 주민들은 증언했다. 공수대는 부상자, 사망자들을 군용트럭에 실어갔지만 다음날 아침 미처 실어가지 못한 시체 2구가 공용터미널 변소에서 발견되었다.

한편 공수대 투입과 막대한 피해상황을 전해들은 광주공고 방면의 시위대는 지원하고자 공용터미널로 향했다. 공용터미널로 가는 도중 담양에서 차출된 40여 명의 순경을 실은 경찰차를 무장 해제시켜 포로로 하였다. 이들 시위대가 청산학원 앞에 이르렀을 때인 4시 반경 공수부대가 나타났다.

5천여 시위대 중 몇 명이 40여 명의 순경을 인질로 그간 연행해간 학생들과 교환하기 위한 협상을 하러 공수대 측에 갔다. 그러나 공수대는 그들을 곤봉으로 무차별 난타하고 이어 잔인하게 진압을 감행해 수십 명의 사상자를 낸 시위대열은 흩어졌다. 이리하여 시위대열이 일단 해산된 다음 1000여 명의 공수대들은 시내의 모든 다방, 시내버스 도로 부근의 가택을 수색했다. 학생차림의 젊은이는 무차별 구타해 쓰러뜨리고는 군화발로 짓이겨 축 늘어진 몸뚱이들을 개, 돼지 싣듯이 군용트럭에 차곡차곡 쌓아 어디론가 싣고 갔다.

오후 7시경, 학생, 청년 수백 명이 광주고교 앞에서 공수대와 또다시 충돌했다. 연도의 시민들은 리어카에 자갈, 블록 등을 실어다주며 지원했다. 치열한 공방전 끝에 공수대가 도주, 이를 추적해 총기 몇 정을 획득했다. 이들 시위대가 산수 5거리로 나아가는 도중 또다시 공수대와 충돌, 공수대는 발포를 개시하였다. 그리하여 시위대는 풍향동 등 인근 주택가로 피신하였는데 공수대는 일대의 모든 가택들을 수색, 학생차림의 젊은이는 무조건 연행하였다.

이날 공수대와 맞닥뜨린 시민들은 한결같이 이들 공수대들이 얼굴이 벌개있었고 눈이 충혈되어 있었으며 술 냄새가 역겹게

풍겼다고 증언했다. 그리고 말투로 보아 경상도 출신이 많았다. 광주 우체국 앞에서는 소령 지휘관이 "전라도 새끼들은 모조리 죽여야 한다."며 시민들 앞에서 공공연히 부하들을 독려했다고 증언했다.

한편 계엄분소는 통금이 밤 9시로 앞당겨진다는 발표를 하였다.

수색, 구타, 난자, 연행 등의 만행은 밤새도록 계속되었고 시내 전역에 걸쳐 공수대가 삼엄한 경비를 서 광주시는 공포의 도가니에 빠져들었다.

시민 합세, 민중 봉기로 발전 : 5월 19일

학생 시위에서 민중 봉기로

5월 19일, 공포의 하룻밤을 지새웠다. 이른 아침부터 군경의 삼엄한 경비가 펴지면서 학생차림의 청년은 무조건 연행했다. 그리고 금남로는 일체의 차량 통행이 통제되었다.

　시민들은 전남 공수대의 잔인한 만행에 대한 대화를 주고받으며 금남로에 모여들기 시작했다. 오전 10시경 시민의 수가 수천 명에 이르자, 전투경찰은 확성기와 군 헬기를 동원, 해산을 종용했다. 그러나 군중의 수는 점점 불어나 10시 40분경부터 투석전을 벌였다.

　5천 명의 시위 군중들은 교통 철책과 길가의 대형 화분 등으로 바리케이드를 치고 "애국가", "훌라송(전두환은 반란이다 훌라훌라)"등을 부르며 시위를 계속했다.

이들은 페퍼포그, 최루탄을 마구 쏘아대는 전경에 맞서 화염병, 각목, 돌멩이 등으로 저항했다.

경찰이 진압에 실패하자, 10시 50분경 군용트럭 30여 대에 분승한 공수대가 도청 앞과 광남로 네거리에 진출, 시위 군중을 포위, 압축했다. 시위 군중들은 금남로 3가의 신축 건물 공사장에서 각목, 쇠파이프, 철근 등을 뜯어 공수대에 대항했다. 그러나 공수대가 곤봉, 총 개머리판으로 무차별 구타하고 대검을 빼고서 휘두르는 바람에 수많은 사상자를 냈다. 시위대가 공수대의 무자비한 폭력에 밀려 충장로 등 사잇골목으로 피하거나 건물 내로 숨었지만 공수대는 이들을 끝까지 추적, 붙들어내어 무자비하게 구타, 난자하였다. 특히 젊은 남자들은 팬티만 남긴 채 마구 때리고 찔러 거꾸로 원산폭격을 시켰고 여자들은 아랫배를 걷어차고 유방을 치거나 또 대검으로 찌르기까지 했다.

이후 공수대들은 골목길을 장갑차로 돌며 시민들을 붙잡아 구타, 연행했다. 또 1개 분대나 소대로 나뉜 군인들은 도보로 중심가 일대를 다니며 건물, 주택가, 상점 등을 샅샅이 뒤지며 만행을 계속했다.

공수대는 오전 11시 15분경부터 건물 옥상이나 창가에서 밖을 내다보는 시민들에게 "문을 닫고 커튼을 쳐라"고 고함쳤다. 이때 금남로 1가에 소재한 무등 고시학원생 몇 명이 계속 내다보자, 공수대가 학원 내로 난입, 학생들을 무차별 구타하고 연행해갔다. 이후 시위대가 일단 해산되자, 공수대는 골목과 건물 안을 수색, 젊은 남녀들을 집단 구타하면서 길가로 끄집어냈다. 심지어 수창국교 입구에서는 공수대가 산 사람을 전봇대에 거꾸로 매단 일까지 벌어져 시민들을 경악케 했다.

또 공수대는 피를 흘리며 머리까지 깨져 길가에 쓰러져있는 시민들을 수송하는 경찰에까지 곤봉을 휘둘렀다. 한 공수대 중령은 부상 시민 수송을 지휘하던 안영택 전남도경 작전과장에게 "부상 시민을 빼돌리거나 시위 학생을 피신시키면 당신들도 동조자로 취급하겠다."는 폭언을 퍼부었다. 또한 공수대의 무자비한 폭력을 지켜보던 진압 경찰의 간부(경감)는 충장로 등 골목길에서 서성이는 시민들에게 "제발 돌아가라, 군인들에게 걸리면 죽는다."며 안타까워하며 울먹였다.

오후에 카톨릭센터 앞에서부터 시작된 군중 시위는 오전과는 그 양상이 다른 것이었다. 오전에 시민, 학생 남녀노소를 가리지 않고 무차별 폭력을 휘두르는 군의 처사에 격분한 시민들이 모두 가담하면서 군과 정면 대결을 벌이게 된 것이다.

오후에 군중 시위가 벌어지기 시작한 것은 금남로에 진주했던 공수대가 조선대로 식사하러 빠져나간 오후 1시 반경부터였다. 순식간에 수만 명으로 불어난 시위 군중은 금남로 양쪽을 차단한 경찰을 향해 돌, 화염병 등을 던지며 경찰을 밀어붙였다. 40대 장년층과 부녀자까지 합세한 시위 대열은 카톨릭센터 차고에서 승용차 4대를 끌고 와 불을 붙여 군경저지선으로 밀어붙였다. 금남로 2가 제일교회 앞 공사장에서는 두 개의 드럼통에 불을 붙여 굴렸으며, 이 중 1개가 폭발, 화염이 솟구쳤다. 또 시위대는 화분대, 전화박스, 교통철책 등으로 바리케이드를 쳤고 모두 몽둥이, 각목을 손에 들고 경찰을 계속 밀어붙였다.

오후 3시부터 경찰은 진화기가 바닥나자, 저지선만 지키며 서 있었다. 군 헬기 2대가 저공비행하며 "시민 학생 여러분, 이성을 잃으면 혼란이 가중된다. 주저 말고 즉각 해산하라, 시민들이 가담하거나 동조하면 가정과 개인의 중대한 불상사가 온다."고 귀가를 종용했다. 그러나 시위 군중은 각목 등을 더 높이 치켜들고 헬기를 향해 고함을 치며 야유를 했고, 금남로뿐만 아니라 충장로, 중앙로도 시위 군중으로 가득 메워졌다.

이즈음 시위대 5백여 명은 카톨릭센터 건물 내의 기독교방송에 몰려가 건물 경비를 맡고 있던 계엄군 1개 중대를 완전 포위, 무장 해제시키고 인질로 삼았다. 한편 카톨릭센터 옥상에 6명의 무장공수대가 무전기로 시민들의 상황보고를 하고 있음을 목격한 시위대들은 기독교방송 진실보도를 요구하며 유리창 등 기물을 부수며 옥상으로 올라가 6명의 공수대를 때려 죽게 만들고 엠16을 빼앗아 손에 번쩍 들자, 사방의 시위대가 함성을 올렸다.

그러나 잠시 후 3시 17분경 식사를 마친 공수대가 도청 앞과 광남로 네거리에서 포위, 압축해오자 시위 군중은 계속 돌을 던지고 각목을 휘두르며 공수대에 대항했다. 그러나 커리버 60을 기총한 장갑차가 시위 군중 속으로 밀어닥치자, 군중들은 사방으로 흩어져 숨었고 공수대는 이들을 추적, 무차별 난자, 구타를 자행했다. 계엄군을 인질로 잡아놓았던 카톨릭센터 내의 시위대는 공수대의 공격을 받아 순식간에 50여 명의 시체가 뒹굴었다.

또한 금남로 3가 지하상가 공사장으로 피신했던 수많은 시민들은 공사장 인부들의 지원을 받으며 각목 등으로 대항하다가 공수대의 무자비한 만행으로 수많은 사상자가 났다. 여기에서 다시 광주공원 쪽으로 후퇴한 시위대열은 공원에서 공수대와 충돌, 공원 오르막길에서 여자들까지 구타당했다. 이를 목격한 옆의 노인들이 공수대를 만류하자, 공수대는 노인들의 머리를 곤봉으로 내려쳐 수 명이 실신했다. 이에 격분한 시민들이 도망치다가 공수대를 포위하고 몰려들자 공수대들은 도주했다. 이 중 1명을 끝까지 추적했는데 그 공수대원은 하천을 타고 양림교로 도주했다. 그러나 시민들이 뒤쫓자, 그 공수대원은 광주천으로 뛰어들었는데 시민들이 돌을 던져 실신해버렸다.

한편 문화방송 방면으로 후퇴한 시위대열은 사실보도를 외면하고 왜곡 방송만을 일삼아 계엄군의 앞잡이 노릇만 하고 있는 문화방송 건물에 진입, 화염병을 던지는 등 한동안 혼란이 일어났는데 불은 나지 않았다. 시위대는 다시 문화방송 차고에서 승용차 5대를 꺼내 불을 질렀으며, 이어 문화방송 사장이 직영하는 전자제품 상회인 문화상사에 불을 질렀다. 이때 공수대가 또다시 출현, 수많은 시민들이 무참히 학살되었다. 이 시위대는 광주공고 방면으로 후퇴했는데 여기서도 공수대에게 수많은 희생을 당했으며 공수대는 2명의 여자를 발가벗겨 구타까지 했다.

이후 시민들은 광남로, 충장로 등에서도 산발적인 시위를 벌였고 공용터미널에서도 천 명의 시위대가 군경과 투석전을 벌였다. 이 바람에 시외버스와 고속버스 착발은 광주역 앞에서 했다.

시민 봉기 확산

오후 4시 반경에는 동구학동 철도변 등 변두리 지역까지 시위가 확산되었다. 이리하여 시내 전역에서 진압군과의 유혈극이 잇달았다.

이날 여러 차례 증강된 군 병력과 목포, 여수 지역을 제외한 도내 8개 경찰서에서 경찰 1천 8백여 명이 동원되었으나 시내 전역에 확산된 시위를 진압시키지 못하고 겨우 간선도로와 주요 지점만 확보하고 있을 뿐이었다.

이날 들어 고교생들의 움직임도 심상치 않았다. 오후 4시경 광주일고, 중앙여고, 대동고의 학생들이 수업을 거부하고 교정에 나와 시가행진을 벌일 기세를 보였으나 군에 의해 교문이 봉쇄되었다. 이리하여 하오 5시 전남도교위는 광주시내 37개 고교 중 중간고사 중인 광주상고 등 5개교를 제외하고 나머지 32개교에 대해 20일 하루 동안 휴업 조치했다.

한편 오후 4시 반경, 공용터미널 위쪽 광주 구역 네거리에서

40대의 한 시민이 확성기로 "나는 공산당도 아닙니다, 난동자도 아닙니다. 모든 선량한 시민들 들으십시오. 아무 죄도 없는 우리 학생들이 죽어가는 것을 더 이상 볼 수만 없습니다. 우리 모두 나섭시다. 학생들을 살립시다!"라는 요지의 방송을 하고 다니며 시민들을 규합, 일시에 수천 명이 호응, 시위를 벌였다. 여기에도 공수부대가 출현, 수많은 시민이 도륙 당했다. 여기에서 시민들은 공용터미널 안으로 후퇴, "인간 백정들 올 테면 와라!", "죽은 시민, 학생의 피를 보상하라!", "살인마 전두환 물러가라!" 등의 구호를 외치며 시위를 계속했다. 약 30분간의 대치 끝에 마침내 공수대가 바리케이드를 돌파, 무차별 구타, 난자했다. 100여 명의 시민이 공용터미널 지하도로 피신했는데 공수대는 지하도 출입구를 차단하고 무자비한 살육전을 자행, 지하도의 시민들이 거의 몰살당하는 참극을 빚었다.

이때 공수대들은 공용터미널 부근에서 부상자를 실어 나르는 택시 운전사들에게 실은 사람을 내 놓으라 명령, 이에 불응하면 무차별 구타하고 대검으로 난자해 최소한 3명의 운전사들이 살해되었다. 이는 다음 날(20일)의 차량 시위의 직접적 계기가 되었다. 오후 5시 10분경 중앙로 광주고 앞길에서는 공수대와의 충돌이 또 한 차례 있었다. 공수대가 몰아대는 장갑차에 시위대 2명이 깔려 죽었다. 이에 격분한 시위대 수천 명이 투석, 각목으로 격렬히 공수대에 대항해 군도 보병력이 접근치 못하는 가운데 장갑차를 포위, 지푸라기를 쌓아 불을 지피게 했고 화염병을 던지기도 했다. 여기에서 공수대는 발포를 하여 국민학생 1명이 즉사했다. 공중에서는 군 헬기가 선회하며 계속해서 "모든 시민은 집으로 돌아가라, 거리에 나올 시는 생명을 보장하지 않겠다. 지금 계엄군은 시내의 질서를 회복하고 있으니 안심하라"는 선무방송을 계속하고 있었다.

오후 5시 20분경에는 공수대가 변두리 지역 진압을 나간 사이 금남로에 다시 수천 명의 시민이 시위를 벌이며 군경과 충돌했다.

6시경 광주공원에서는 수천 명의 시민들이 집결하여 "전두환 타도!"를 부르짖으며 민주화 성토 시위를 벌였다. 7시경에는 광주 고속터미널 부근에서 자동차 정비공을 중심으로 한 1천여 시위대가 트럭 1대와 대형 아치를 불태우며 시위를 벌이다가 일단 해산 후에도 백여 명의 시위대는 계속 시위를 벌여 밤 10시경 임동파출소에 진입, 파출소를 완전히 불태웠다. 오후 7시부터 죽은 넋을 달래듯 비가 촉촉이 내려 광주의 대지를 적셨다.

이날 밤도 임동, 유동 일대에서 공수대의 가택 수색이 벌어져 수많은 청년들이 연행되었으며 길거리에 나다니는 남녀를 무조건 발가벗겨 연행했다.

한편 당국은 이날 밤 7공수대 일부를 교체시켜 새로운 공수대 (3공수, 11공수)를 투입시켰으며 계엄보통군을 증원, 투입했다.

전면적 민중 봉기로 발전

5월 20일, 오전 9시까지 비가 내렸다. 언제 터질지 모르는 아슬 아슬한 정적이 깔렸다. 시민들은 비를 맞으며 변두리 지역에서 시내 중심가로 몰려들었다. 시내 곳곳에서 길가에 주저앉아 통곡하며 내 아들 살려내라고 울부짖는 아주머니들의 모습이 많이 보였다.

    좋은 세상 온다더니
    잡은 손을 뿌리치고
    비겁자가 아니라며
    좋은 세상 온다더니
    어미보다 먼저
    저세상을 가는구나

비가 그치자 시민들은 시내 중심가로 모여들기 시작했다. 그리하여 오전 10시경 대인시장 주변에 천여 명의 시민들이 결집했다. 고교생, 가정주부, 50대 장년층까지 포함된 군중들은 이날 새벽 6시 김안부 씨(36, 노동, 광주시 서구 월산동 2동 132의 2)의 시체가 서구 전남 주조장 앞길에서 온몸이 찢기고 으깨져 피투성이가 된 채 발견된 사실 등 전남의 시민 피해상황을 주고받으며 타오르기 시작했다. 대인시장의 상인들은 리어카에 실은 짐을 뒤

엎고 대신 돌, 자갈을 실어 나르며 시위대에 합세, 시위대열은 광주고 앞까지 진출했다. 그러나 공수대가 탱크를 앞세우고 봉쇄하는 바람에 시위대열은 흩어졌다.

그러나 잠시 후 금남로 일대에는 수천의 시위대열이 형성되어 시위를 계속했다. 그런데 이날 공수대는 착검하지도 않고 말씨 또한 공손했다. 실제로 어제까지의 경상도 출신 공수대는 조선대 쪽으로 후퇴, 또는 어젯밤 철수하고 이날은 대부분 전라도 출신 공수대로 교체되었다. 한 공수대 장교(중령)는 시민들에게 자신은 전남 곡성 출신이라고 했다.

이제 회유 정책으로 나온 것이다. 그러나 이미 타오른 봉기는 꺼질 줄 몰랐다.

한편 이날부터 외신기자들이 광주에서 취재를 하기 시작했다. 이날 신역, 공용터미널, 서방삼거리를 경비하는 공수대는 화염방사기를 휴대하고 있었다. 그런데 오후 2시경 서방삼거리에서 시위 군중과 공수대의 충돌, 공수대가 화염방사기를 발사해 그을린 시체 및 부상자를 군용트럭에 싣고 어디론가 가버렸다.

오후 3시경 금남로의 시위군중은 수만 명으로 불어났다. 경찰이 최루탄, 페퍼포그를 쏘아대며 포위해오자 길바닥에 그대로 주저앉아 "차라리 우리 모두를 죽여라"고 절규했다. 이들은 태극기를 흔들어대며 연좌농성을 계속했다. 이윽고 계엄군이 밀어붙이자, 이들은 일시 흩어졌다. "모이자, 모이자"라는 함성을 지르며 다시 결집, 군경과 일진일퇴를 벌였다.

오후 4시 50분경 시위군중은 도청으로 통하는 6개 방면의 모든 도로로 물밀듯 밀어닥쳤다. 이들은 시위대열에 제각기 드럼통, 대형 화분대 등을 굴리며 경찰 저지선에 다가섰다. 일부 시위대는 쇠파이프, 식칼을 쳐들고 "같이 죽자"고 외쳤다.

이후 6개 방향의 도로에는 삼중 사중의 경찰 저지선이 쳐졌고 그 후방에는 군 병력이 진주하고 있어 시위군중과 긴장 속의 대치를 계속했다.

오후 5시 50분경 충장로 입구 쪽의 군중들은 스크럼을 짜고 도청을 행해 육탄돌격을 감행, 경찰과 충돌했다. 이들은 대도호텔 앞에서 연좌한 후, "살인마 전두환은 물러가라", "군은 38선으로 복귀하라"는 구호를 외쳤고 대표자를 뽑아 경찰 저지선에 보내 "광주 시민을 적으로 취급하는 군과 사생결단을 할 테니 경찰은 비켜 달라"는 협상을 시도하기도 했다. 또 이들은 "애국가", "진짜 사나이", "우리의 소원" 등의 노래를 부르며 태극기를 휘둘렀다.

한편 오후 6시경 광주시내 영업용 택시기사 200여 명이 무등경기장에 집결했다.

이들은 시민 피해상황과 동료기사 피해사실을 성토한 후 "군 저지선 돌파에 앞장서겠다!"고 결의, 주위에 모인 시민들의 뜨거운 박수갈채를 받았다.

드디어 차량 시위가 개시된 것이다. 운전기사들은 그 직업상의 특징으로 시민 피해 장면을 가장 많이 목격했으며 아울러 신속히 연락, 궐기한 것이다. 이들은 택시 200여 대, 시내버스 10여 대, 트럭 4대에 분승하고서 6시 50분경 헤드라이트를 켠 채 금남로로 진격하였다. 이는 전면적 민중봉기의 도화선이었다. 시민들은 "차도 저렇게 시위하는데 어찌 사람이 가만있을 수 있냐"면서 적극적으로 시위대열에 합세하였다. 군경은 최루탄을 마구 쏘아댔고 페퍼포그 차도 있는 대로 가스를 뿜었다. 현기증과 숨 막힘으로 더 이상 나아가지 못한 차량은 군경과 불과 이십여 미터를 사이에 두고 멈췄다. 군경은 차량으로 돌진하여 운전사들을 곤봉으로 내려까 짓밟고 연행해갔다. 이를 보고 있던 시민들은 군경에 투석을 하여 차량 시위대를 엄호했다. 군경과 시민 간에 치열한 공방전이 전개되었다. 군경이 페퍼포그와 최루탄을 쏘며 공격해오면 시위군중은 일시 뒤로 물러서거나 옆 골목으로 빠져 한 명도 보이지 않았다. 그러나 다시 가스가 걷히면 시민들은 기침을 연신 하면서 또다시 수만 명으로 불어나 군경을 몰아붙였다. 군경이 또다시 가스를 뿜으며 공격하면 시민들은 물러섰다. 그러다가 또다시 수만 명이 군경을 몰아붙였다.

6시 55분경, 차량 시위 대열의 맨 앞에 있던 광선교통 소속 전남 5아 3706호 버스가 헤드라이트를 켜고 시위대의 투석 엄호를 받으며 쏜살같이 군 저지선으로 질주하다 가로수를 들이받고 멈췄다. 이때 백여 명의 공수대가 소총 개머리판, 곤봉 등으로 차량을 부수고 운전석에 앉은 20대 청년을 집중 구타했다. 차안의 청년 8명이 쇠파이프를 쥐고 공수대에 대항했으나 10여 분만에 청년 9명 모두가 머리가 깨지고 얼굴이 일그러진 채 피를 흘리며 끌려나왔다. 이들은 모두 의식을 잃고 축 늘어진 상태였다. 그러나 공수대 10여 명이 계속 구둣발길질을 하고 곤봉을 휘두르자, 골목에서 지켜보던 시민 500여 명이 비명을 지르며 폭행 공수대를 뜯어 말렸다. 군인들은 3명의 시민들이 나와 약을 바르고 치료를 하려하자, 약과 물수건만 보내줄 것만 요구하며 일체 접근을 막았다. 그러나 40대의 한 부인은 군의 저지도 뿌리친 채 부상자들에게 달려가 길바닥에 흥건히 고인 피를 보고는 "이 피 좀 보라, 당신들이 국군이냐"며 까무러쳤다.

저녁 7시 20분 충장로 입구 쪽에서 대치하던 시위군중은 천일여객 소속 전남 5자 1051호 버스를 뽑아 군경 저지선을 뚫고 도청 앞 분수대를 들이받고 멈췄다. 차 안의 두 청년이 무참히 구타당한 후 연행되었다.

저녁 7시 반을 넘기면서 금남로의 시위대들은 시외버스 공용터미널을 점거해 버스를 탈취해온 또 다른 시위대와 합류, 대형버스 5대씩을 2열로 앞세우고 "연행 학생, 시민 석방하라", "김대중 석방하라" 등의 구호를 외치고 "아리랑" 등의 노래를 부르며 군경 저지선에 밀어 닥쳤다. 공수대는 시위대의 기세에 눌려 저지선을 전일빌딩 앞까지 후퇴시킨 후 교통신호대, 가드레일 등을 뜯어 바리케이드를 쳤고 최루탄, 페퍼포그를 마구 쏘아 시위대의 접근을 막으려 했다. 그러나 길가의 아낙네들까지 물동이를 들고 나와 길바닥에 뿌리며 합세했고 시위대는 군경 저지선 10미터 전방까지 진격했다.

이리하여 분수대를 중심으로 사방에서 시위대와 군경이 치열한 격전을 거듭했다. 이즈음 학동, 방림동, 산수동, 지산동, 서석동 등 시내 전역에서 시민들이 궐기하여 시내 중심가로 진격해 광주 전역에서 시위군중은 20만 명을 넘어섰다.

한편 광주 소방서를 공격해 소방차 3대를 획득한 시위대는 8시 반경 소방차를 앞세우고 금남로로 진격, 소방호스로 물을 뿜어 최루탄 가루를 제거하면서 군 장갑차 앞으로 밀어 닥쳤다. 시위대가 모는 소방차와 군 장갑차가 머리를 맞댄 채 밀고 당기는 씨름을 벌였다. 뒤이어 광주 고속버스 3대가 운전사, 안내양을 가득 실은 채 시민들의 함성과 박수갈채를 받으며 나타났다.

같은 시각, 왜곡보도만을 일삼는 문화방송국에 시위대가 진입, 진실보도를 요구하며 화염병을 던졌으나 직원들이 소화탄으로 진화해 불은 나지 않았다. 케이비에스 방송국도 시위대가 진입, 기물을 부숴버리는 바람에 방송이 중단되었다.

한편 9시경 시청 건물은 수만 명의 시위군중의 총공세에 밀려 군경 저지선이 무너져 시위대에 접수되었다.

이즈음해서 시내 외곽지대의 시위들은 주유소를 점거, 휘발유를 퍼내 불을 지르거나 화염병을 만들었으며 학동파출소 등 시내 전역의 파출소를 파괴하였다.

9시 20분경에는 노동청 앞 5거리에서 광주 고속버스 10여 대를 몰고 나온 시위대가 경찰 저지선을 돌진하는 바람에 함평경 찰서 소속 경찰 4명이 사망했다.

시위대의 열기는 밤이 깊을수록 고조되어 타올랐다. 외곽지대 에서는 차츰 군 저지선이 무너져, 드디어 밤 10시경에는 시 외곽 지역 군 저지선 곳곳에서 엠16 연발 총성이 계속 울려 퍼졌고 곳 곳에 쏘아대는 예광탄과 신호탄이 터져 마치 전쟁터와 같은 분 위기를 자아냈다. 이즈음 문화방송을 경비하던 계엄군은 더 이 상의 방어가 불가능하다고 판단하고 직원들을 모두 대피시키고 나서 방송국 뒤편 변압기를 합선시켜 방화했다. 불은 건물 뒤편 부터 순식간에 건물 전체로 붙어 다음 날 새벽 1시까지 탔다. 이 제 군경은 도청, 신역, 조선대학교, 전남대학교만 지키고 있을 뿐 이었다. 도청을 에워싼 20여 만 시위군중은 시시각각으로 군경 저지선을 압축했다. 일부 청년들은 도청 뒷담으로 월담을 하기 도 했다.

물밀듯 한 시위군중의 포위, 압축으로 도청 방어가 위태롭게 되자, 밤 11시 5분 공수대는 드디어 공식적으로 발포를 개시했 다. 엠16 총성이 콩 볶듯이 울려 퍼졌다. 순식간에 수많은 시위 대가 꼬꾸라져갔다. 시민들의 분노는 절정에 다다라 "우리도 총 을 갖자!"는 고함소리가 사방에서 터져 나와 다음 날의 무장을 예고했으며, 격분한 시민들은 도청 주위를 떠나지 않고 철야 시 위를 하였다.

한편 이날 도청 앞의 시위대 중 전옥주(32, 여, 가정주부)라는 여성이 확성기로 "물러서지 맙시다!", "전두환은 물러가라", "도청으로!" 등의 가두방송을 계속, 군중들이 흩어지지 않고 시위를 계속하는 데 한몫을 했다. 이 여성은 또 "전투경찰 아저씨, 우리에게 최루탄을 쏘지 마세요, 여러분과 우리는 다 같이 힘을 합쳐 우리 민족을 못살게 구는 전두환을 몰아내요", "우리는 맨주먹입니다, 뭉쳐야 삽니다!"를 외쳐대며 밤새 독려했다. 그런데 후에 계엄사는 이 여성을 간첩 용의자로 몰았다.

5월 21일, 이날은 부처님 오신 날이었다. 그러나 곳곳에서 처절한 유혈극이 잇달아 지금도 광주 시민들은 "초파일의 유혈극"이라고 부르고 있다.

시내 전역에서 시위군중은 밤을 새워 시위를 계속했다. 새벽 1시경 시위군중은 세무서로 진입, 세무서를 불태웠고 세무서 무기고에서 수십 정의 카빈 소총을 획득했다. 새벽 2시에는 시외전화가 끊겨 외지와의 연락이 두절되었고 전남일보, 전남매일의 지방지가 제작이 중단되었다.

새벽 4시, 수만 명의 시위대는 광주역에서 공수대가 엠16을 난사하는 가운데 막대한 인명 피해를 입으며 계엄군 저지선을 무너뜨렸으며, 이 과정에서 케이비에스를 불태웠다. 이리하여 도청, 전남대학교, 조선대학교, 교도소만을 제외하고 시내 전역이 시위대의 손에 들어왔다. 시위대는 시내 곳곳에서 불을 지피고 시위를 계속했다. 날이 밝자 시내 중심가로 집결하기 시작, 오전 9시경에는 10만 군중이 금남로에 운집해 시위를 계속했다. 이때 제일은행 앞에서 획득한 군 지프 등을 앞세우고 군납 방위 업체인 아세아자동차 공장에 진입, 차량을 요구해 버스 7대를 획득해 금남로로 진격했다. 9시 45분경에는 천여 명의 시민들이 아세아자동차 공장에 재진입, 대형버스 22대, 장갑차 3대, 군용 트럭 33대, 민간트럭 20대를 획득, 도청으로 진격해 들어가거나 혹은 외곽으로 돌며 시민들을 동원했다.

이때부터 시위대들은 구급차, 시체수송차, 주유차, 헌혈차, 특수타격대, 타이어 끼워주는 트럭 등으로 차량을 분류, 통제하기 시작했다. 그리고 밤을 새운 시위대들을 위해 시민들이 마련한 김밥, 달걀, 음료수, 빵, 심지어 누룽지까지 누구나 먹을 수 있게 골목마다 쌓여 있었다.

한편 이날 오전 8시를 기해 광주행 고속버스가 중단되었다. 오전 9시 50분, 시위군중이 뽑은 시민대표 김범태(27, 조선대 법대 1년)와 전옥주(32, 여, 가정주부) 2명이 도청에 들어가 장형태 전남지사와 협상했다. 이 자리에서 대표들은 1) 유혈사태에 대한 당국의 공개 사과, 2)연행 학생, 시민을 전원 석방하고 입원 중인 시민, 학생의 소재와 생사를 알릴 것, 3) 계엄군은 21일 정오까지 모두 시내에서 철수할 것, 4)전남북 계엄분소장과 시민대표들의 협상을 주선할 것 등 4개 항을 요구했으나 이렇다 할 답변을 얻지 못했다.

오전 10시 30분부터 군 헬기가 도청, 조대, 전대 등에 이착륙

하며 도청 지하실에 처박아 둔 시체와 또 진압무기를 공수하는 한편 도청 주요 기밀서류를 이송하기 시작했다.

　오전 11시 40분경에는 광주시 일원에 전남 민주학생 총연맹 명의로 전단이 살포되었다. 내용은 "4.19의거로 연결하자"는 제하에 "오후 2시 도청 앞에서 궐기대회를 갖자, 각 대학은 대학별로 집결지를 정해 행동할 것(전대: 공용터미널, 조대: 계림파출소, 서강실업, 간호대: 문화방송, 고교생: 산수오거리), 시민들은 각 동별로 도청으로 집결하자"는 것이었다.

무장 봉기로 전환: 5월 21일

20일 밤부터 계엄군은 공식적으로 발포를 개시, 18일 이후 가장 많은 사상자를 내는 최악의 상황에 이르렀다. 맨주먹뿐인 시위 군중에게 계엄군은 엠16을 무차별 난사, 시위대의 비명소리가 끊이지 않았으며 시내 전역에서 총탄에 맞은 시체가 나뒹굴었다. 시위군중의 분노는 극에 이르렀으며 여기저기에서 "무장하자!"는 고함이 터져 나오는 등 격정의 철야 시위를 계속했다.

날이 밝아 21일 오전 10시가 되자, 청년 주축의 시위대가 탑승한 시위 차량이 대량으로 시외로 빠져나가 화순 – 동면 – 송광 또는 보성, 벌교의 코스와 남평 – 나주 – 무안, 목포 또는 영암, 강진, 해남, 완도의 코스, 그 외 담양, 곡성, 구례, 장성, 영광 등지로 달렸다. 이리하여 광주 민중 봉기는 시외로 확산되었다.

한편 30여 만에 이르는 시위군중은 도청을 포위, 압축하며 시위를 계속했다. 오전 11시경 도청 앞의 시위군중 맨 앞에 도열해 있던 503 벤츠 고속버스가 군 저지선을 돌격하자, 계엄군은 엘엠지를 난사하여 차에 타고 있던 청년 20여 명이 몰살당하는 참극이 벌어졌다.

시위군중은 시체 2구씩을 태극기로 덮어 군용 지프차 2,3대에 매단 리어카에 실어 시내를 돌았다. 이때부터 차에 붙인 플래카드에는 "두환아, 내 자식 내놓아라"는 구호가 나붙기 시작했다. 분노한 시위군중은 금남로를 가득 메우며 계엄군과 대치를 계속했다. 일부 시위대는 광주지검 및 법원청사로 진입, 기물 일부를 때려 부쉈다. 도청으로 향하는 6개 방향의 도로를 가득 메우고 군과 치열한 격전이 계속되던 중, 오후 1시 5분 제일은행과 와이엠씨에이 사이에 도열해있던 트럭 중 대형화물 1대가 군 저지선을 향해 돌진하자, 공수대는 다시 엠16을 난사하였다. 돌진하던 트럭은 타이어에 총을 맞고 후퇴해 동구청 앞에 정차했다. 짐칸의 두 청년과 운전석의 한 명이 엎어졌다. 이를 시발로 공수대는 엠16을 무차별 난사했다. 또 전일빌딩과 관광호텔에 잠입, 도로의 시위 군중을 조준 사격하는 등 무자비한 학살극을 자행하는 바람에 시위대는 여기저기서 푹푹 꼬꾸라졌다. 극도로 격분한 시위군중은 발을 동동 구르며 분노했으며, 사방에서 "이대로 당할 수만 없다. 우리도 총을 갖자", "총에는 총으로!", "우리 시민을 지키자" 등의 고함소리가 터져 나왔다.

드디어 이때부터 무장이 시작되었다. 상당수의 고교생이 참가

한 청년주축의 시위대가 시위차량에 탑승, 시외로 빠져나가 먼저 경찰서를 파괴하고 무기와 탄약을 노획하기 시작한 것이다. 먼저 오후 2시경, 동양고속 버스를 선두로 한 수십 대의 차량이 화순에 진입, 곧장 화순탄광으로 직행했다. 탄광 사무실에는 어떻게 연락을 받았는지 오륙백 명의 광부들이 나와 있었다. 차량이 도착하자 광부들은 열렬히 손을 흔들며 환영했다. 시위대는 어렵지 않게 무기고에 진입, 다량의 총기와 탄약을 획득할 수 있었다. 그러나 광부들은 좀체 티.엔.티는 내주려 하지 않았다. "어떻게 된 일이냐", "도대체 몇 명이나 죽었나?", "시내 상태는 어떤가?", "일이 얼마나 갈 것 같은가" 등 질문은 쉴 새 없었다. 시위차량의 청년들은 그들이 두 눈으로 똑똑히 보고 들은 것을 말해줬다. 드디어 광부들은 스스로 티.엔.티 저장 창고로 달려갔다. 곧 다량의 티.엔.티를 차량에 실었다. 몇몇 광부들은 시위차량에 올라타 합세했다.

계속하여 화순읍내 주민들도 합세하여 화순 동면지서를 습격해 무기를 획득한 후 곧장 무기를 싣고 광주로 되돌아왔다.

같은 시각, 20여 대의 차량에 분승해 나주로 내려간 500여 명의 시위대는 나주경찰서를 공격, 카빈 94정, 권총 25정, 공기총 151정을 획득했다. 또 다른 차량 5대에 분승한 100여 명의 시위대는 나주 금성동파출소를 습격, 파출소 예비군 무기고를 부수고 엠1 200여 정, 카빈 500여 정, 총탄 50,000발 등을 노획했다. 이어 2시 반에는 영산포 영강동지서를 공격해 탄약 2상자를 노획해 속속 광주로 되돌아왔다.

또 2시 40분경에는 50여 명의 시위대가 광주 지원동 석산화약고에 진입, 다량의 티.엔.티와 뇌관을 획득했다. 3시경, 다시 나주로 내려간 시위대들은 나주 산포지서 등 4개 지서 및 예비군 무기고에서 무기를 획득해 버스 7대에 분승, 광주로 되돌아왔다. 산포지서 예비군 무기고는 이미 무기를 빼돌린 후였으나 현지 방위병들과 주민들의 안내로 총기류, 실탄, 티.엔.티를 획득할 수 있었다.

같은 시각, 장성 화남파출소, 영광 금성파출소를 습격해 무기를 획득한 후 속속 광주로 되돌아왔다.

이리하여 3시 20분경부터 카빈으로 무장한 수백 명의 청년들이 도청으로 진격, 공수대와의 총격전이 시작되었다. 공수대는 도청, 관광호텔, 전일빌딩으로 분산하여 엠16을 난사하였고 청년들도 건물에 응사하였다. 이러한 시가전은 공수대가 철수한 오후 5시 반까지 계속되었는데, 최정예 군대와 맞붙은 데다가 카빈이 엠16의 성능에 훨씬 못 미쳐 많은 청년들이 쓰러져갔다. 동명로와 도청 사이의 네거리에도 총에 맞은 세 명이 쓰러져 있었으나 두 명만 간신히 끌어냈을 뿐 여전히 방치된 복판의 한 명 위로는 계속 총탄이 날고 있었다.

이러는 중에서도 지방에서의 무기 획득은 계속되었다. 4시경 화순에서 현지 주민들이 합세하여 화순역파출소에서 엘엠지, 카빈, 수류탄을 획득했다. 같은 시각 영암군 내의 모든 파출소가 송두리째 시위대의 손에 넘어왔으며, 송정리, 광산경찰서 및 노안지서도 접수되는 등 도내의 모든 경찰서의 총기류, 실탄, 수류탄, 티.엔.티 등이 차량에 실려 속속 광주로 되돌아왔다. 각 지방의 경찰서, 파출소는 텅텅 비어있어 아무런 저항도 받지 않았으며 시위대가 가는 곳마다 현지 주민들의 열렬한 지원을 받았다. 같은 시각 광주 전남방직과 호남전기 무기고에서 다수의 무기 및 실탄을 획득해냈다.

이즈음부터 무장 시위대는 시민군이라 칭해졌다. 이들 시민군은 전대 의대 네거리에서 분산, 도청을 에워싼 채, 공수대와 총격전을 벌였다. 공수대는 여기에서 대학살극을 자행, 금남로 일대 거부장에 이르는 거리에는 순식간에 시체 100여 구가 나뒹굴었다. 그럼에도 시위군중은 흩어지지 않았다. 오히려 도청 주위 골목을 메우고 시민군을 앞세우고서 시시각각으로 도청을 포위, 압축해갔다.

오후 5시경 시위대는 전대 의대 옥상 위에 엘엠지 2대를 설치하고 500미터 전방의 도청을 향해 발사했다. 또 석유를 가득 실은 소방차 1대가 도청 진입을 시도하고 있었다.

한편 이날 임시 무기 취급 본부인 광주공원에서는 김원갑(20, 삼수생)의 지휘 하에 5시경 화정동, 산수동, 학동, 백운동, 서방삼거리, 신역 및 금남로 등 7개 지역에 시민군 40여 명씩 계 280여 명이 차량 5대에 분승하고 무기를 지급받은 후 출동해 도청을 포위 압축했다.

무장된 시위군중의 기세에 눌린 군경은 드디어 오후 5시 반에 도청으로부터 철수하기 시작했다. 군은 부대별로 시 외곽 요충지로 후퇴했다. 도경 간부들은 "각기 알아서 피신하라"고 하고는 도청 뒷담을 넘어 달아났다. 일부 경찰은 사복차림으로 시위군중 속에 끼어들기도 했다.

시위군중은 군경이 완전히 철수한 사실을 모른 채 도청을 포위하며 시위를 계속하다가 오후 8시경 완전 철수했음을 알고 도청 내로 진입, 드디어 접수했으며 공원의 무기 전량을 도청으로 이송했다. 이날 시위대의 손에 넘어온 무기는 카빈소총 2천 2백 40정, 엠1 1천 2백 25정, 38구경 권총 12정, 45구경 권총 16정, 기관총 2정 등 총기류 3천 5백 5정이며 실탄 4만 6천 4백 발, 티.엔.티 4박스, 뇌관 1백 개 등이었다(계엄사 22일 발표). 이후에도 시 외곽지대에서는 총격전이 잇달아 화순 방향으로 후퇴하던 군과 무장 시위대가 충돌, 학동, 지원동 부근에서 교전이 있었으며 교도소 부근에서도 총격전이 계속되어 많은 사상자가 속출했다.

계엄군은 송정리 방면 농성동, 화순 방면 지원동, 장성 방면 동운동, 광주교도소, 화정동 공단입구, 여수, 순천 방면 문화동, 목포 방면 대동고교 앞 등 7개 지점에서 광주시를 봉쇄했는데, 타오른 무장봉기를 제어치 못하여 22일까지는 광주와 인근지방의 무장시위 차량의 출입이 자유로운 편이었다. 오후 9시경부터 하행열차가 장성에서 멎기 시작했다.

한편 이날 계엄사는 광주 시위사태를 처음으로 밝히고 민간인 1명, 군경 5명이 죽었다고 발표했다. 또한 광주소요는 서울을 이탈한 소요 주동학생 및 깡패들이 대거 광주에 내려가 유언비어를 날조해 퍼뜨린 데 기인되었다고 했다.

그리고 이날 신현확 총리가 사퇴하고 박충훈 내각이 수립되었다.

시외로 확산, 전남 민중봉기로 : 5월 21일

21일 오전 광주의 시위대가 시위차량에 분승하고 대량으로 시외로 빠져나가면서부터 광주 민중봉기는 시외로 확산되었다. 이들 광주 시위대는 각 지방에 도착, 광주 피해상황을 설명하며 주민들의 합세를 호소, 현지 주민들은 열렬히 호응해 바야흐로 전남 민중봉기에 이르게 된 것이다.

목포

21일 오후 2시 20분경 광주고속 버스 6대와 승용차 2대에 분승한 광주의 시위대들이 목포에 진입했다. 이들은 시가지를 누비며 광주시민 피해상황을 가두방송하고 "계엄 철폐", "전두환은 물러가라", "김대중 석방" 등의 구호를 외치며 목포시민을 동원했다. 순식간에 2만여 명의 시민들이 결집해 상기 구호를 외치며 시위, 연동파출소와 경찰차 1대를 불태웠다. 오후 3시 50분경 버스, 트럭 등 20여 대에 분승한 시위대는 구호를 외치며 시가행진을 벌였고, 나머지 시위군중은 도보로 가두시위를 하였다. 이들 시위군중은 철야시위를 하면서 목포시청을 비롯해 세무서, 파출소를 부쉈으며 파출소 무기고에서 무기를 획득했다. 그리고 이날 밤 10시경 무안, 함평 등지의 무장시위대가 목포에 진입, 합류했다.

22일, 안철(34, 약사)주도 하에 오전 10시부터 오후 7시까지 군중집회를 열어 궐기대회를 개최하였다. 궐기대회 후 횃불시위가 벌어졌는데 목포시 전역이 횃불로 가득 찰 정도였으며 군중 수는 20만으로 추산된다.

23일, 오전 9시경 "목포 시민 민주화 투쟁위원회"가 목포역에서 구성되었다. 위원장 안철, 집행부장 박상규(21, 목포공전2), 총무 황인갑(한신대3)으로 구성되었으며 시위본부를 목포역으로 정했다. 어제에 이어 오전 10시부터 밤 9시까지 궐기대회를 개최하고, 대회 후에 횃불시위를 벌이는 등 철야시위를 계속했다. 또 이날 낮 12시 반경 목포 청년회의소는 보관을 빙자, 무기를 회수해 목포 해역 사령부에 반납해 버렸다(후에 이들은 당국으로부터 표창 받았다).

24일도 궐기대회 횃불시위가 계속되었다. 이날 주일날을 맞이해 기독교 연합예배 및 궐기대회가 개최되었으며 이 자리에서 기독교 연합회 성명서와 민주 투쟁위원회 성명서가 낭독되었는데 여기 "민투" 성명서를 소개한다.

우리 겨레와 세계 자유민에 보내는 목포 시민의 결의문

우리 목포 시민들은 지난 5월 18일 이후 광주에서 빚어진 살육 참상을 보고, 듣고, 확인했다. 거세되지 않는 자유 시민임을 자부하는 우리들은 어제 오늘의 광주, 목포 사태를 보면서 더 이상 참을 수 없는 우리의 뜻을 한데 묶어 우리 겨레와 세계 자유민들을 향하여 다음과 같이 선언한다.

1. 우리는 지난 며칠 동안의 광주 사건을 조직적으로 강행된 변명할 여지가 없는 명백한 양민학살로 본다. 그날의 광주시는 흡사 인간 도살장이었다. 80만 시민이 숨 쉬는 도심지에 공수특전대를 투입한 사례를 어느 역사에서 찾아볼 수 있단 말인가?

광주 사태가 조직적이고 계획적인 양민학살극인 만큼 시민학살을 명령한 정부 책임자와 이 학살사건에 동원되어 가담한 군과 경찰은 지위고하를 막론하고 당장 색출하여 가차 없이 처형하라.

1. 우리 시민들은 이번 광주, 목포 사태를 통해서 이 나라, 이 민족, 우리의 시민은 총칼 등 어떠한 폭력적 탄압으로 억압한다고 해서 눌러

질 수 없다는 사실을 보았다. 녹슨 쇠고리, 폭압정치의 흉기인 비상계엄을 즉각 해제하라.

1. 김대중은 이 나라 자유 시민들이 18년 동안 쳐다보고 살아온 자유와 민주주의의 상징이다. 그의 투옥은 삼천칠백만 이 나라 국민들을 잡아 가둔 것과 마찬가지인 만큼 김대중을 즉각 석방하라.

1. 이유 없이 계속되는 통신의 두절, 기차와 정규 노선버스의 차단은 자유 시민을 굶겨 죽이려는 포위공격으로밖에 볼 수 없다. 통신과 교통수단을 이 시간부터 정상화 시켜라.

1. 피값은 외상이 없다. 광주시민이 흘린 피의 삯은 구체적으로 즉시 보상되어야 한다. 그 자유 시민의 피값을 보상하기 위해 이 나라의 국정을 독점, 농단하는 정치적 폭력배들을 오늘 당장 몰아내고 민주헌정을 조속히 실현하라.

1980년 5월 25일
목포시민 민주화 투쟁위원회 민주 헌정수립을 위한 목포시민 궐기대회

궐기대회 후 철야 횃불시위가 계속 벌어졌으며 26, 27일에도 궐기대회 횃불시위가 계속되었다.

28일, 새벽 4시경 무장 보안대원, 사복형사들이 시위본부 목포역을 습격, 시위대를 체포, 연행해 목포시위는 막을 내렸다.

해남

21일 12시 반경, 해남 대흥사에서 해남 청년회의소가 긴급 이사회를 갖고 11명이 참석한 가운데 1) 민주인사 석방 및 민주회복, 2) 독재자 추방, 3) 농어민 보호정책 활성화, 4) 광주 사태 희생자에 대한 보상, 5) 계엄 해제 등의 요구사항을 내걸고 시위에 들어가기로 결정했다.

오후 2시 50분, 광주에서 시외버스 1대가 해남읍에 도착해 여학생이 마이크로 광주상황을 설명하며 읍민의 궐기를 호소했다. 이에 약 3천 군중이 해남 교육청 앞 광장에 집결, 성토대회를 열고 시가행진. 오후 5시경 광주에서 군용 지프 1, 군용 트럭 2, 버스 2, 트럭 1대가 내려와 시위에 가담하고 청년, 학생 등 500여 명을 싣고 되돌아갔다. 저녁 7시, 시위대는 차량 25대를 앞세우고 해남읍-삼산면-화산면-한산면-북평면-송지면을 경유, 밤 10시경 완도읍에 도착, 시가를 시위했다.

22일 아침 6시경 해남읍-마산면-황산면-문배면-화원면을 시위하였다. 10시경에는 해남읍-강진읍-영암읍-영산포읍-나주-무안읍-목포시로 시위가 확산되었다. 시위대는 시위도중 계곡지서, 옥천지서, 화산지서, 월송지서, 우수영지서 등지에서 엠

1, 카빈, 수류탄 등을 획득했다. 오후 5시 해남읍에 군민들의 열렬한 환영을 받으며 도착한 시위대는 차량 50여 대를 앞세우고 해남읍 소재 군부대 점령을 시도했으나 해남군 당국자, 군부대장의 설득으로 포기했다. 5시 반에는 광주에서 온 시위대가 해남경찰서 무기고를 파괴하고 엠1, 카빈 400여 정을 노획했다. 밤 8시 반 군부대는 병력 증강을 받아 상부로부터 발포명령을 받고 자체 수습할 것을 종용, 시위대들은 자체 수습을 하기로 하고 군부대장은 발포시간을 25시까지 시한부 연장한다고 협상을 보았으나 시위는 계속되었다.

23일 새벽 1시경 옥천면 우슬재에서 계엄군과 총격전이 벌어져 시위대 4명이 사망했는데, 계엄군은 엠16, 엘엠지를 난사했으며 수류탄까지 투척하였다.

또 오전 6시 해남읍 안동리 군부대 앞 국도 상에서 시외버스 1대가 군의 총격을 받고 전복 당했으며 7시에는 해남읍 북평리 국도 상에서 군과 총격전이 벌어져 1명의 시위대가 사망했고 11시경부터는 계엄군들이 시위대를 체포, 연행하기 시작했다.

한편 이날 오후 집행위원회가 구성되었는데 위원장에는 김덕수(34, 가구상)이었고 차량담당부, 안전부, 급식부로 편성하였다. 이날 밤 우수영 쪽에서 올라오는 2대의 시위버스에 상동리 고개에서 매복 중이던 계엄군이 발포해 3명이 사망하였으며 군부대 앞 백야리에서는 완도 쪽에서 올라오는 시위차량에 엠16, 엘엠지를 난사했다.

24일 완도에서 7대의 버스에 분승해 해남으로 오던 시위대가 군부대 앞에서 군과 대치해 일촉즉발의 숨 가쁜 대결이 있었다. 그러나 군부대장, 해남읍장 등의 설득으로 총격전은 없었다.

화순

21일 오전 11시경, 광주에서 온 200여 명의 시위대가 "전두환 퇴진", "계엄 해제", "김대중 석방" 등의 구호를 외치며 화순읍 일원을 시위하였다. 오후 2시 반경 또 다른 차량으로 화순에 진입한 광주 시위대와 읍민들이 합류해 화순 동면지서를 급습, 무기를 노획해 광주로 실어 날랐다. 읍민들은 다시 3시 화순경찰서를 습격해 다량의 무기를 획득했다.

오후 9시경 화순읍내 주민들은 시위대를 조직, 화순탄광 습격을 결의하여 9시 반경 차량 1대를 선두로 탄광에 진입하던 중 밤 10시경 송광지서를 접수했고 이어 10시 반경 탄광에 진입 점령, 다량의 티.엔.티를 노획했다. 계속하여 밤 11시경 화순 북면지서를 접수, 무기 노획 후 철야시위를 벌였다.

함평

21일 오후 1시경, 광주고속 버스, 트럭, 삼화고속 버스 등 10여 대의 차량에 분승한 광주 시위대가 함평에 도착, 함평경찰서장

환영 하에 군중시위를 벌였다. 시위 도중 함평 신광지서를 접수, 총기 100여 정, 실탄 2박스를 노획했다.

저녁 8시경 지프차와 트럭에 노획무기를 싣고 광주로 진입하려다가 외곽지대가 봉쇄되는 바람에 되돌아갔다.

22일 수만 명의 시위군중이 집결, 시위하다가 오후에는 해남, 영광으로 시위차량에 태극기를 꽂은 채 빠져 나갔으며 다량의 무기가 무안을 거쳐 목포로 반입되었다.

23일에는 영광 쪽 도로와 함평다리 입구에 바리케이드를 치고 자체 경비를 하였으며 시위대 본부는 함평경찰서였다.

강진

21일 7,8대의 버스, 트럭에 분승한 광주 시위대가 강진읍에 도착해 시가를 누비며 시위하였다. 22일에도 7,8대의 광주 시위차량이 도착하여 광주 상황을 설명하고 읍민의 궐기를 호소, 수천 명의 읍민, 청년, 학생들이 시위를 벌였다. 4대의 차량도 가세하였다.

청년회의소 회원과 교회 청년들은 강진읍 교회에 본부를 두고 활약했다. 23일에는 강진 농고생을 중심으로 500여 명이 가두시위를 벌였다. 이날 강진경찰서, 성전지서를 장악한 시위대는 다량의 총기류, 실탄을 노획했다.

무안

22일 오후 2시경, 광주 무장시위대 30여 명이 탑승한 버스가 군민의 합세 속에 무안군 일대를 시위하며 무안 현경면지서에 이르러 지서를 접수했고, 무안경찰서 청계지서를 습격하여 엠1, 카빈 등 다량의 총기류를 노획했다. 오후 3시 해제면지서를 장악하여 엠1 10정, 카빈 20정을 획득했다. 오후 3시 40분에는 망운면지서를 접수했고, 4시경에는 망운면 운암지서를 접수하였다.

장흥

23일 버스 3대, 트럭 3대에 분승한 광주 무장시위대는 장흥읍 일대를 가두시위하며 마이크 방송으로 광주 상황과 무자비한 학살행위를 알리고 읍민들의 궐기를 호소 "김대중 석방하라", "살려내라 내 형제" 등의 구호와 함께 거리거리에 시위대가 형성되었다. 특히 장흥고교생을 중심으로 한 300여 명의 시위대가 합세, 기세를 올렸다. 관산면에서도 버스 1대와 함께 시위대가 합류하였다.

시내 장악 및 자체 조직 과정 :
5월 22일-26일

광주 시민들은 드디어 계엄군을 격퇴시키고 광주 시내를 완전 장악했다. 군은 시 외곽 7개 지점에서 시를 봉쇄했으며 시민군도 바리케이드를 치고 대치했다. 화정동 공단입구 네거리에 무장시위대들이 부서진 고속버스와 큰 원목으로 2,3겹 바리케이드를 치고 산, 밭에 매복한 군과 대치했다. 나머지 대치 장소에서도 같은 모습이었다.

날이 밝자 시민들이 너나할 것 없이 도청 앞 광장으로 모여들었다. 드디어 도시의 폭악자를 내쫓고 주인이 된 것이다. 남녀노소 구별이 없이 활짝 웃어 승리를 축하했고 굳은 악수를 나눠 투쟁을 약속했다. 이들은 금남로를 가득 메우고 "계엄 철폐", "전두환 처단", "노동삼권 보장", "김대중 석방", "구속자 석방"을 외치며 가두시위를 벌였고 사망자 합동 장례식을 요구하였다.

시민들은 신임 총리서리 박충훈이 광주로 온다는 소식에 도청 앞 광장에 연좌하며 총리를 기다렸다. 이들은 도청 지하실에서 시체를 날라다가 광장 앞에 쌓아 올렸다. 그러나 박충훈은 광주 땅에는 발도 들여놓지 않고 송정리에서 계엄분소장의 보고만 듣고 "무법의 도시", "폭도"라는 말만 남기고 올라갔다. 그는 호소문을 통해 "대부분의 선량한 시민들의 노력으로 광주 사태는 호전되고 있다. 시민들은 극소수의 폭도와 불순분자들의 터무니없는 유언비어에 현혹되거나 부화뇌동하지 말라"고 발표했다. 이에 도청 앞 광장의 시민들은 더욱 흥분, "신현확보다 더 나쁜 놈, 그놈이 그놈이다 다 때려 죽여야 한다"며 분개했다.

수습위 및 조직 결성

한편 이날 새벽 도청을 접수한 시위대는 도청을 본부로 정하고 1층 서무과에 작전 상황실을 마련하였으며 순찰대, 홍보반, 치안대, 환자 수송반, 차량 통제반을 조직했다.

차량 통제반은 시위차량을 "지휘차", "대변인차", "식량 수송차", "무기 수송차", "시민 수송차"로 분류했다.

또 치안대는 이날 오전 전옥주, 차명숙(19, 여성, 가두방송) 등 여자 2명과 남자 1명을 간첩 용의자로 지목, 당국에 인도한 사건도 있었다. 전옥주의 경우 가두방송 중 쉬고 있는데 군중 속에서 갑자기 "저기 여자 간첩이다"라는 고함이 터져 나오더니 수 명이 튀어나와 잡아 치안대에 넘겼다.

　낮 12시 반경, 목사, 신부, 학생, 변호사, 관료, 교사 등 시내 유지급 인사 15명이 도청 서무과에 모여 "5.18 사태 수습 대책위원회"(위원장: 최한영 옹)가 결성되고 7개 항의 요구사항(1. 사태 수습 전에 군 투입 말라 2. 연행자 석방 3. 군의 과잉진압 인정하라 4. 사후 보복금지 5. 책임 면제 6. 사망자 보상 7. 이상 요구가 관철되면 무장 해제하겠다)을 결의하였다. 그러나 시위 사태의 근본적 원인에 대한 언급은 전혀 없었고 임시방편적 "수습"에 급급했다.

　도청 앞 광장에서는 주최 측도 없는 채 시민들이 자발적으로 궐기대회를 열고 원하는 사람이 나와 발표와 토론이 계속되었다. 시가행진 코스와 요령 및 궐기문 내용, 시내 치안 유지방법 등이 광범위하게 발표되었다.

　오후 5시경 수습위는 낮에 계엄군 측과 합의한 협상 보고대회를 개최하였다. 협상자 8명이 차례로 보고했는데 시민들은 유혈방지와 질서유지에는 적극 찬동했다. 그런데 유신 치하에서 국회의원 입후보도 하고 수습위원 중 한 명인 장휴동이 등단해 "무기를 군 측에 넘기자, 그렇지 않으면 군이 쳐들어온다."고 발언하자 김종배(25, 조대3)가 연단에 뛰어올라 마이크를 빼앗고 "장휴동 씨는 정치인으로서 시민들의 입장에서 이야기를 하고 있는 것이 아니라 광주 시민들이 이렇게 많이 죽었는데 사태 수습만을 거론해서는 안 된다. 수습할 수 있는 구체적인 방안을 제시

해야한다"고 연설, 시민들의 박수갈채를 받았다. 군중들은 "굴욕적 협상 반대", "계엄 철폐", "전두환 처단"을 부르짖었다. 이리하여 협상 보고대회는 유야무야되었다.

한편 이 대회에서 "무기 회수"에 합의함으로써 도청과 공원에서 약 200정의 총기가 회수되었다. 오후 6시경 도청 1층 서무과에서 학생 수습 대책위원회가 구성되었다. 그 구성을 보면 위원장 김창길(전남대 농경과3), 총무 정해민(전남대 경제학과), 대변인 양원식, 무기 관리 담당 허규정, 부위원장 및 장례 준비 담당 김종배였다. 또 총기 회수반, 차량 통제반, 수리 보수반, 질서 회복반, 의료반 등의 부서를 두었다.

이리하여 수습위는 일반 수습위, 학생수습위로 분리되었는데 일반 수습위는 주로 군 측과 협상, 시민 설득을 담당했다.

이날 시내 곳곳에는 총구를 밖으로 내놓고 복면을 한 시위대가 탑승한 각종 차량들이 "계엄 철폐", "전두환 처단" 등의 혈서로 쓴 플래카드를 붙이고 구호, 노래를 외치며 시가를 누비고 다녔다. 아낙네들은 너나할 것 없이 시위차량을 세우고 이들에게 먹을 것 마실 것을 부지런히 날라다 주었다. 먹을 것을 준비하지 못한 아낙네들은 물통을 들고 나와 이들의 얼굴을 닦아주고 목을 적셔주었다. 등을 다독이며 격려하는 사람과 약과 드링크제를 들고 나온 약사들, 시민들은 모두 한마음이었다.

시민 피해상황

한편 이날도 시 외곽 대치지점에서는 많은 시민이 쓰러져갔다. 이날 새벽 시외로 빠져나가던 시민, 학생들이 차단로에서 계엄군의 총격을 받아 효천 철길에는 시체더미가 쌓였다. 또 오후 3시경 헌혈 및 환자 수송차가 "헌혈차"라는 플래카드를 붙이고 화순으로 가던 중 지원동 바람재에서 잠복 중인 계엄군에 의해 포위, 집중 사격을 받아 차 안에 타고 있는 30여 명 중 1명을 제외한 전원이 사살 당하는 참극이 벌어졌다.

그리고 이날 오전 전대 박물관 뒤쪽 숲속에서 대학생, 고등학생 각 1명의 시체가 땅 속에 묻힌 포대에 싸인 채 발견되었다. 공수대는 밤이 되면 민가에 침입, 식량을 탈취해갔으며 엠16을 쏘아대는 등 계속 불안감을 조성하였다.

미국, 광주 시위사태 진압 동의

한편 이날 미 국무성은 성명을 내고 "모든 관계자들이 최대한도로 자제할 것을, 그리고 평화적인 해결을 모색하기 위해 대화를 가질 것을 촉구한다. 불안이 계속되고 폭력사태가 확대되면 외부 세력의 위험한 오판을 초래한다."라고 밝혔다.

그런데 같은 날 미 국방성은 "광주 데모를 진압하는 데 사용할 목적으로 4개 대대의 한국군을 미국 통제하에 풀어줬다."고 발표했다. 뿐만 아니라 다음날인 23일, 호딩 카터 미 국무성 대변인이 카터 행정부는 "남한에서 안보와 질서의 회복을 지원하기로 하는 한편, 정치적 자유화에 대한 압력을 늦추기로 했다."고 기자들에게 발표했다.

이리하여 미국은 이제 공공연히 전두환 정권을 지원하고 나섰으며 이로써 광주 대학살극의 공범자로서의 책임을 피할 수 없게 되었다.

5월 23일, 새벽 6시부터 고교생 700여 명(여학생 50여 명)이 시내 전역 청소에 나섰다. 수많은 시민들이 호응해 청소를 했으며 대다수 상가도 문을 열었다. 이렇듯 스스로 질서를 찾아가고 있는 상황에서 오전 7시경 금호고교 부근에서 공수대 3명이 학생 2명과 할머니를 살해하고 도주하였는데 정부는 이 사건을 시민군의 행위라고 전가하였다. 또 오전 8시경 담양 방면으로 나가던 시위대가 교도소의 경비 계엄군에 의해 저지당하면서 총격전, 시위대 3명이 사망하고 2명이 부상했다. 계엄사는 이를 교도소 습격이라 발표하였다. 간첩 및 좌익수 170명이 내포된 광주교도소를 습격해 이들을 탈소시켜 가담시키기 위한 것이라고 했다.

이날도 그간의 피해상황이 목격되어 오전 11시경, 광주세무서 지하실에서 시체가 있다는 보고를 받고 김OO 씨 등 4명이 현지로 가서 확인한 결과, 유방, 음부를 도려내고 얼굴을 난자한

여고생의 시체가 있었다. 신원 확인을 해본 결과 칼라 속에서 학생증이 나왔다. 전남여고 2학년 학생 이OO였다. 주소로 시체를 싣고 가서 확인하고 부모들이 시체를 인수했다.

투쟁파, 투항파 대립 표면화

오전 10시, 도청 도지사실에서 일반 수습위원회는 당초 15명 중 5명이 사퇴하고 전남대생 10명, 조선대생 10명을 추가, 30명으로 늘리는 한편 위원장에는 윤공희 대주교가 추대되었다.

　낮 12시, 전날 회수된 총기 중 100정을 장휴동, 김창길이 계엄분소에 반납하고 연행자 중 34명의 신병을 인수해오자, 도청 내 양 수습위는 투쟁파, 투항파로 나뉘어 갈등이 시작되었다. 양 수습위의 대다수는 "무기 반납으로 사태를 해결 짓자"는 식의 투항적 주장을 폈다. 반면 학생수습위의 소수파인 투쟁파는 "지금 이 시점에서 무조건 무기반납을 하는 것으로는 문제해결이 불가능하다. 시민들을 납득시키기 위해서는 적어도 우리 광주시민을 폭도라 부르는 현 정권의 태도에 변화가 있어야 하며 금번 사태로 인한 피해가 정당하게 보상되고 사망자의 장례식을 시민장으로 해야 된다"고 반박했다. 그러나 이때 투쟁파도 현상적 문제해결에 급급, 근본적 해결로서의 투쟁에 이르지 못했다. 진정한 의미에서의 투쟁파는 25일 학생운동출신 인사들의 수습위 합류 때부터이다.

한편 오후 2시 백운동 방면을 방어하던 시민군들은 50엠디 무장헬기가 정찰하는 것을 목격하고 공중을 향해 난사해 추락시켰다. 그리하여 타고 있는 중령, 부하, 조종사 등 3명이 전원 사망했다.

도청 내에서는 현재 가정에 소식이 없는 사람을 접수하고 각 병원의 입원환자, 사망자 명단을 체크하고 있었다. 이를 확인하려는 행렬은 끝이 없었다. 대개 아주머니들이나 늙은 분들이었는데 모두 훌쩍훌쩍 울고 있었다. 도청 앞뜰에는 아직도 미처 옮기지 못한 시민들의 시체가 무명천에 덮여 가지런히 놓여있었다. 하얀 무명천이 피로 흥건히 적셔져 있었다.

벽에 붙여진 사망자 명단에 자기 자식의 이름이 씌어있지 않은 부모들은 나직이 한숨을 토해냈지만 명단에 자기 자식이 있는 부모들은 그 자리에서 쓰러져 미친 듯이 울었다. 설리 설리 통곡해대는 부모들은 "내 자식 살려내라!"며 땅을 치며 울어댔다.

제1차 민주 수호 범시민 궐기대회

대학생 주최의 "제1차 민주 수호 범시민 궐기대회"가 수습위 및 투항파의 기피, 반대 속에 10만여 시민들이 운집한 가운데 오후 3시 개최되었다. 대회는 희생자들에 대한 묵념, 애국가, 노동자, 시민, 학생 등 각계각층 대표의 성명서 발표, 수습위의 전달사항, 차기대회 개최 공지, 민주주의 만세 삼창의 순서로 진행되었다.

여기서 노동자 대표의 성명서를 소개한다.

광주 애국 시민에게

오늘도 진정한 민주주의를 위하여 투쟁을 계속하고 계시는 시민 여러분께

저는 광주공단에 근무하고 있는 노동자입니다. 많은 우리 노동자들이 출근길에 그 잔인한 반란군에게 폭행을 당하고 수많은 학생과 시민이 그들에게 연행되거나 폭행당했습니다.

하지만 그때까지 우리는 참고 있었습니다. 많은 작업시간 때문에 낮에 나올 수가 없었으니까요. 하지만 사태가 악화되면서 우리의 부모 형제가 검붉은 피를 흘리며 하나하나 쓰러져갈 때 아무리 사회정세를 모르는 노동자들이지만 어떻게 참고 모르는 척 할 수 있겠습니까? 비단 우리들 젊은 노동자들뿐만 아니라 아무 것도 모르는 우리 중학교 초등학교 학생들까지 일어났습니다.

여자의 옷을 벗겨 무참하게 칼로 찢어 죽이고 철모르는 어린 애들까지 돌로 쳐서 죽이는 놈들이 어디 사람입니까? 공산당도 안 그럽니다. 짐승도 못되는 더럽고 잔인한 놈들을 어찌 그래도 살려 보낸단 말입니까? 내가 보는 앞에서 많은 시민과 학생들이 무참히 죽어갔는데 모든 신문과 방송에서는 단 1명의 사상자도 없다고 보도했습니다. 우리 국민을 위해 일해야 할 기관들이 어떻게 그렇게 비양심적으로 일들을 할 수 있단 말입니까.

우리의 목표는 과연 무엇일까요?

살상도 건물 파괴도 아닙니다. 다만 우리가 주장하는 것은 오직 진정한 민주주의와 노동자의 권익을 보장하고 계엄을 철폐하라는 것인데 어찌 전두환 놈만이 악독한 그러한 명령을 내려 수많은 시민을 학살할 수가 있단 말입니까.

그동안 우리 노동자들은 눈이 있어도 보지 못하고 귀가 있어도 듣지 못하는 비참한 현실 속에서 살아왔습니다. 살인적으로 솟는 물가에 비해 형편없는 저임금으로 모든 공장이 문에 "휴업"이라는 두 글자가 크게 붙어있더군요. 그렇지 않아도 작은 월급에 며칠 동안 일을 못하던 우리들의 생활은 더욱 어렵게 되고 있습니다.

물론 우리의 형제들이 피를 흘리며 죽어가고 있는데 그까짓 일이 대수냐고 말하는 분도 계시지만 자신의 권리와 이익을 찾기 위해서는 우리의 본분을 다하고 그런 일을 해야 된다는 것을 시민 여러분들이 더 잘 알고 계시리라 믿습니다.

모든 쌀가게와 생필품을 공급하는 시장과 상점들이 문을 닫아버려 시골에서 올라와 자취를 하고 계신 분이나 많은 학생들은 밥을 제대로 먹지 못하고 있습니다.

우리들이 전정으로 우리 부모 형제들의 원수를 갚기 위해서는 어느 정도 물자공급이 되어 우리 광주시가 정상 가동을 해가면 이번에 새로 조직된 우리 민병대원들을 믿고 의지하면서 우리 권리를 찾고 원수를 갚기 위해서 투쟁을 계속 해야 되지 않겠습니까?

그래서 다음과 같은 우리의 결의를 한다.

1. 전두환을 죽이라
2. 계엄령을 즉각 철폐하라
3. 노동삼권 보장하라
4. 어용노조 물러가라

특히 이 대회에서 시민, 학생의 피해상황이 전해졌는데 전대, 조대 대학병원, 적십자병원을 통틀어 가족에 의해 신원이 확인된 시체 30구를 포함, 사망자 5백여 명, 부상자 5백여 명, 연행자 천여 명으로 알려졌다. 이날부터 도청 앞 상무관에 확인된 시체를 안치하고 분향소를 설치, 분향하는 시민들의 발길이 그치지 않았다. 도청 광장은 "민주의 광장"으로 불려졌다.

궐기대회 후, 고등학생들은 10여 명이 도청 앞에서 숨진 동료학생의 시체를 운구하고 있었다. 고등학생들은 시체를 들고 가며 울먹인 목소리로 "우리의 소원은 통일, 꿈에도 소원은 통일, 이 정성 다해서 통일, 통일이여 오라, 이 나라 살리는 통일, 이 겨레 살리는 통일, 통일이여 어서 오라, 통일이여 오라"는 노래를 불렀다. 연도에 늘어선 시민들은 모두 소리내어 엉엉 울어버렸다.

이즈음 계엄사는 적색 글씨로 "경고문"을 인쇄하여 헬리콥터로 광주시 전역에 살포했는데 그 내용은 다음과 같다.

<경고문>

친애하는 시민 여러분! 이제까지는 여러분의 이성과 애국심에 호소하여 자진해산과 질서회복을 기대해보았습니다. 그러나 총기와 탄약과 폭발물을 탈취한 폭도들의 행패는 계속 가열하고 있으며 이러한 상황 하에서는 부득이 소탕하지 않을 수 없게 되었습니다.

시민 여러분! 소요는 고정간첩, 불순분자, 깡패에 의해 조종되고 있습니다. 지금 즉시 대열을 이탈하여 집과 직장으로 돌아가십시오.

계엄사령관 육군 대장 이 희 성

저녁 무렵 광주 진입로 지원동 부근에서 계엄군과 또다시 총격전이 벌어졌는데 군은 무자비하게도 헬기로 기총소사까지 감행해 무수한 희생자를 냈다.

한편 5월 18일부터 시내 일원에 계속 살포되었던 "투사회보"가 이날도 제6호로 나와 배포되었다. 투사회보는 허위 날조된 당국의 기만 보도에 분노하여 허수아비 언론을 규탄하고 광주 사태의 진상을 밝힌다는 취지하에 광주시민 민주 투쟁 협의회 명의로 26일까지 발간되었다.

이 신문은 1) 광주시민은 최규하 정부가 총사퇴할 때까지 끝까지 싸운다. 2) 광주시민은 우리의 요구가 관철될 때까지 무장을 강화한다. 3) 중고등학생의 무기소지를 금한다. 4) 계엄군이 발포하지 않는 한 우리가 먼저 발포하지 않는다. 등의 행동강령을 밝히고 궐기대회 방법, 그날그날의 시위상황과 인명피해

상황 등을 게재했다. "투사회보"는 제8호부터 "민주 시민 회보"로 제호를 바꿔 배포되었다. 이외에도 4,5종의 유인물이 계속 나와 시민들에게 소식을 전하고 투쟁의지를 고취시켰다. 신문 방송 등 모든 매스컴이 외부와 차단된 시민들은 이 유인물들에 호응이 컸으며 자기들이 배포해 주겠다며 더 달라는 시민들도 많았다.

이날 밤, 학생 수습위원장 김창길이 화순탄광에 근무하는 화약전문가라고 소개해 도청으로 들어온 계엄군 요원이 도청에 보관 중이던 다이너마이트의 뇌관을 제거해버렸다. 이 뇌관은 최후 순간 자폭을 위한 것이었다. 또 이날 밤 현재 수습위는 총기 2천 5백 정 상당의 탄약을 도청에서 회수하였다.

5월 24일, 계엄사는 아침 8시에 임시 재개된 케이비에스 라디오를 통해 "24일 오전까지 광주시는 국군 통합병원에, 기타 지역은 각 경찰서에 무기를 반납하면 책임을 묻지 않겠다"는 방송을 하였다.

이날 이른 아침부터 도청을 위시, 시내 중심가에 벽보, 사진, 플래카드 등이 나붙었다. 특히 수습위를 비난하는 대자보가 붙었고 전일빌딩 벽에는 "전두환을 찢어 죽여라"의 플래카드 등이 보이는 사진이 실린 일본 마이니치신문이 나붙기도 했다. 외국 기자들의 취재는 연일 활발했다. 외신에는 사실대로 보도된다 해서 시민들은 이들에게 우호적으로 대했는데 국내기자는 도청 출입이 엄격히 통제되는 등 수난을 겪었다.

한편, 일반 수습위는 계엄사 측으로부터 약속받은 8개 사항을 인쇄한 "계엄분소 방문 협의 결과보고"라는 전단을 시내 일원에 배포했다. 그 내용은 다음과 같다.

1. 계엄군의 시가 진입을 일체 금하라.

답: 시민 측이 먼저 발포하지 않는 한 진입이나 사전 발포하지 않겠다. 또한 지금 시내엔 1명의 계엄군도 없다.

2. 5.18 공수대의 지나친 진압을 인정하라.

답: 현장 설명을 듣고 과잉진압을 인정한다.

3. 연행자를 석방하라.

답: 연행자 927명 중 79명을 제외하고 모두 석방했다. 수습 대책위원회의 요구에 따라 추가로 34명도 23일자로 석방했다.

4. 사망, 부상자의 보상 및 치료는?

답: 보상은 물론 대책을 세우고 있으며 철저한 치료를 하고 있다.

5. 방송재개 및 사실보도 촉구

답: 지역방송이 속히 회복되는 대로 사실 보도하도록 힘쓰겠다.

6. 자극적 어휘 금지(예: 폭도)

답: 순수한 시민을 폭도라 함이 아니요, 악용하는 자를 말하며 상부에 부드러운 어휘를 사용하도록 진정했다.

7. 시외 통행로에 통로를 주라.

답: 민간인은 출입할 수 있으되 손을 흔들어 신호를 보내면 보호해

주며 단 자동차나 무기 휴대자는 접근할 수 없다.

8. 사태 수습 후 절대 보복 금지

답: 사태 수습 후 절대 보복하지 않겠다.

(군 지휘관과 대책위원회의 명예를 보고 약속함)

1980. 5. 24. 5.18 수습 대책위원회 일동

제2차 시민 궐기대회

어제에 이어 오후 3시에 "제2차 민주 수호 범시민 궐기대회"가 도청 앞 광장에서 개최되었다. 시민들은 도청광장을 꽉 메우도록 참여도가 높았다. 대회에 들어가기 앞서 시민들은 이 궐기대회에 비협조적이고 투항주의적인 수습위를 규탄하는 절차를 가졌다. 대회도중 비가 쏟아져 우산을 펴는 등 약간의 소란이 있었는데 사회자가 "이 비는 원통하게 죽은 영령들이 눈을 못 감고 흘리는 피눈물"이라 말하자, 시민들은 모두 우산을 개고서 비를 맞으며 성토대회를 계속했다. 또 전두환 화형식이 시민들의 "빨리 죽여라"는 고함소리와 함께 거행되었다. 국민학생들도 "전두환 죽여라"고 외치며 뛰어다녔다. 또한 한 여학생에 의해 민주시가 낭송되었는데 그 내용을 여기 게재한다.

민주화여! 영원한 우리 민족의 소망이여!
피와 땀이 아니곤 거둘 수 없는 거룩한 열매여!

그 이름 부르기에 목마른 젊음이었기에
우리는 총칼에 부딪치며 여기 왔노라!
우리는 끝까지 싸우노라!
우리는 마침내 쟁취하리라!
날아라 민중아! 민주의 벌판을
뛰어라 역사여! 희망의 내일을
언론자유 동냥말고 피땀으로 열매맺자
권력안보 동냥말고 총력안보 지지한다
유신잔당 뿌리뽑고 김일성도 격퇴하자
전두환의 사병아닌 삼천만의 국군되라
전두환이 살인마냐 광주시민 폭도냐!
방위세가 둔갑하여 최루탄과 총알이냐!
대통령이 앵무새냐 시킨대로 잘도한다!
표달라고 아부말고 대변하고 투쟁하라
앞장서면 지도자 뒤로빼면 비겁자
지맘대로 대통령 지맘대로 국무총리
지맘대로 국무위원 지맘대로 사령관

맹견들을 풀어놓고 민주학생 물어가고
미친개들 풀어놓고 민주시민 물었다네
민주시민 합세하여 미친개를 쫓아내니
고첩깡패 운운하며 똥뀐놈이 성내드라

미친개에 저놈한번 물려보면 요리뛰고 저리뛰며

도망갈곳 찾느라고 다른사람 물린것도 안중에 없을텐데

우리 민주시민 정신차려 용케도 쫓았구나

어허! 이게 웬 날벼락인고!

표창받을 민주시민 폭도로 몰았구나

지가 앉은 총리대신 혼자취해 그날부로

만끽하고 하는 말이 걸작이라!

무서워서 못내리고 상공에서 보았더니

질서는 쪼끔있고 폭도는 많더라

저놈들만 쓰는 라디오와 텔레비전으로

먹이줄게 항복하라 항복하면 선량하고

자위하면 죽일란다.

민주시민들아 미친개가 포위했다.

위협하고 달래주고 울리고 젖먹이고

죽끓이고 팥끓이고 명분찾고 생색내고

안속는다! 안속아!

속다보니 많이도 속았드라!

자유당에 속았고 유신에 속았다.

그러나 이젠, 이젠 안속는다! 안속아!

안속는다! 안속아!

절대로 안속는다!

(이 시는 대회 당시 2번에 걸쳐 선창 후창했다.)

한편 정상용, 이양현, 윤상원 등 학생운동 출신 인사들은 전일 (23일) 오후 4시경 녹두서점에서 회합을 가졌다. 이들은 도청 수습위의 투항주의적 자세를 비난, 스스로 도청에 들어가 끝까지 싸울 결의를 다졌다. 이날 아침부터 전열이 정비되어 전대 스쿨버스를 동원, 대학생 결집을 방송하는 한편 와이더블유씨에이 내에서는 20~30명의 여학생들이 대자보를 작성하여 시내 곳곳에 붙였으며 궐기대회를 결의, 추진하였다.

궐기대회가 끝난 오후 7시경 결집된 20여 명의 대학생과 "들불" 야학생 10여 명 등이 모였는데 이 자리에서 기획부, 궐기대회 조, 홍보 및 가두방송 조, 대자보 조로 편성되었다.

기획부는 정상용, 이양현, 윤상원, 윤강옥, 홍보 및 가두방송 조는 박용준(27일 피살) 등으로 구성되었다.

한편 외곽지대를 방위하는 시민군들은 연일 계속되는 교전과 수면부족으로 고충이 말이 아니었다. 게다가 두 가지 안타까운 문제가 있었다. 첫째는 실탄의 부족이었다. 실탄이래야 시민군 한 사람당 겨우 50여 발 이내였다. 도청 본부에 실탄을 전해달라고 무전연락을 해보나 본부 또한 별 도리 없었다. 둘째는 서울이나 여타 도시에서 계속되는 민중봉기가 일어나지 않는 것이다. 아무리 애타게 기다려도 다른 도시에서 봉기가 폭발했다는 낭보는 들려오지 않았다.

본부에서 나간 차량이 외곽지대의 시민군에 들리면 시민군들은 근심스런 목소리로 실탄과 다른 지역의 민중봉기를 안타깝

도록 물었다. 그러나 시민들이 이대로 주저앉기는 지금까지의 정권, 계엄군의 만행은 너무도 큰 것이었다.

수습위의 투항파, 조직 이탈

이날도 도청 내 수습위의 투항파, 투쟁파 갈등이 계속되었다. 밤 9시경 도청 서무과에서 학생 수습대책위원회를 개최하던 중 김창길이 "계엄군이 시내에 들어오면 광주시민 전체가 죽게 되니 빨리 무기반납을 하고 수습위를 자진해체, 철수해 피해를 줄이자" 주장했다. 이에 투쟁파 김종배, 허규정은 "우리의 요구사항이 전혀 관철되지 않은 상태에서 무기를 반납한다는 것은 시민들의 피를 팔아먹는 행위임으로 무기반납은 불가능하다. 우리 요구사항이 관철될 때까지 투쟁해야한다"고 반박했다.

투쟁파, 투항파의 의견 충돌로 드디어 25일 새벽 1시경 투항파 정해민, 양원식 등 일부 학생들이 조직에서 이탈하자 일반 시민들도 포함해 새로이 학생 수습위원회의 기구를 개편하기로 결의했다. 이에 위원장 김창길, 부위원장 겸 총무부장 및 대변인 황금선, 부위원장 겸 대변인 및 장례담당 김종배, 상황실장 박남선, 경비담당 김화성, 기획실장 김종필, 무기담당 김경섭 등으로 확대 개편되었다.

이날 서울 시경은 남파간첩 이창룡을 검거했다고 발표했다. 발표에 의하면 간첩은 전남 해안으로 상륙, 광주에서 공작하려

다 검거되었다는 것이다. 또 체포될 때 독침 자살을 기도했다고
했다.

5월 25일, 시내를 장악한 지 나흘째 날을 맞았다.

이날 현재 시내 각 병원에 중환자 500여 명, 경상자가 2천여
명이 되었으며 사망자 수는 병원에 안치되어있는 신원 확실한
시체 169구, 형체를 알아볼 수 없는 시체 약 40구, 충장로 지하
상가에서 집단 발견된 시체가 20구로 계엄군이 미처 인수해가
지 못한 시체가 도합 230여 구였다(계엄군은 대다수의 시체를 상무대
로 이송했다). 그 외 25일 현재 홍보처와 동사무소에 신고된 행방
불명자 수는 약 2천 명이 되었다.

이 중 31사단과 상무대로 연행된 사람이 약 천 명(계엄사 발표
927명), 그 외 피신하고 있는 사람을 생각할 때 거의 천 명에 가까
운 사람이 종적 없이 사라진 것이다.

독침 사건

25일 오전 8시, 소위 독침 사건이 발생했다. 장계범(21, 술집 경영)
이 도청 농림국장실로 들어오면서 어깨를 짚고 "독침을 맞았다"
고 소리쳤다. 신민식(방위근무)이 만지려하니 "너는 필요 없어, 정
형에게 부탁하네"하니까 정한규(23, 운전)가 나서서 옷을 벗기고
상처부위를 입으로 2,3번 빨고는 부축하여 대기하던 차로 전대
병원으로 갔다.

이때 도청에서 김종배가 확인을 지시, 당시 순찰대원이던 윤석루(19, 양화공), 이재호(33, 회사원), 이재춘(20, 방위병) 등 5,6 명이 급히 차를 타고 전대 병원으로 가보니 이미 장계범은 도망친 후였고 정한규만 미처 피하지 못하고 도망치려다 붙잡혀 도청 조사과에서 조사받다 장계범을 잡으러 세무서 맞은편에 있는 장계범 경영의 술집에 갔으나 없었다.

그런데 5월 28일 헌병대 영창에서 조사를 받고 있을 때 장계범이 복면을 쓰고 나타나 수사관에게 피의자들의 도청에서의 직위 및 역할 등을 말해주었다. 그리고 1차 조사가 끝나 모두 보안대로 넘어가 무자비한 구타를 당하며 조사를 받는데 장계범은 담배를 피우며 유유히 돌아다녔다.

제3차 궐기대회

전날에 이어 "제3차 민주수호 범시민 궐기대회"가 개최되었다. 시민들은 각 동별로 플래카드를 들고 도청으로 집결, 그 수는 약 5만에 달했다.

이 대회에서는 "희생자 가족, 전국 종교인, 전국 민주 학생에 드리는 글"이 채택되었고 한국 정치 보복사에 대한 성토대회가 벌어졌다. 특히 시민군 대표의 "우리는 왜 총을 들 수밖에 없었는가?"가 낭독되었는데 그 내용을 여기 싣는다.

우리는 왜 총을 들 수밖에 없었는가?

먼저 이 고장과 민주주의를 수호하기 위해 피를 흘리며 싸우다 목숨을 바친 시민, 학생들의 명복을 빕니다.

우리는 왜 총을 들 수밖에 없었는가?

그 대답은 너무나 간단합니다. 너무나 무자비한 만행을 더 이상 보고만 있을 수 없어서 너도 나도 총을 들고 나섰던 것입니다.

18일 아침 각 학교에 공수대를 투입하고 이에 반발하는 학생들에게 대검을 꽂고 "돌격 앞으로"를 감행하였고 이에 우리 학생들은 거리로 뛰쳐나와 정부 당국의 불법처사를 규탄했던 것입니다.

그런데 아 이럴 수가 있단 말입니까? 계엄당국은 18일 오후부터 공수대를 대량 투입하여 시내 곳곳에서 학생, 젊은이들에게 무차별 살상을 자행하였으니!

아! 설마! 설마! 설마 했던 일들이 벌어졌으니 우리의 부모 형제들이 무참히 대검에 찔리고, 차에 깔리고, 연약한 아녀자들의 젖가슴이 잘리고, 차마 입으로 말할 수 없는 무자비하고도 잔인한 만행이 저질러졌습니다.

또한 나중에 알고 보니 군 당국은 계획적으로 경상도 출신 제7 공수병들을 보내 지역감정을 충동질했으며 더구나 이놈들을 3일씩이나 굶기고 더구나 술과 흥분제를 복용시켰다 합니다.

시민 여러분!

너무도 경악스런 또 하나의 사실은 20일 밤부터 계엄당국은 발포 명령을 내려 무차별 발포를 시작했다는 것입니다. 이 고장을 지키고자 이 자리에 모이신 민주시민 여러분! 그런 상황 하에서 우리가 할 수 있는 일이 무엇이겠습니까? 우리가 어떻게 해야 되겠습니까? 묻고 싶습니다. 우리는 더 이상 당할 수만은 없습니다. 그래서 우리는 이 고장을 지키고 우리 부모형제들을 지키고자 손에 손에 총을 들었던 것입니다. 그런데도 정부와 언론에서는 계속 불순배, 폭도로 몰고 있습니다.

여러분! 잔인무도한 만행을 일삼았던 계엄군이 폭도입니까? 이 고장을 지키겠다고 나선 우리 시민군이 폭도입니까?

시민 여러분!

우리 시민군은 온갖 방해에도 불구하고 여러분의 안전을 끝까지 지킬 것입니다. 또한 협상이 올바르게 진행되면 우리는 즉각 총을 놓겠습니다.

민주시민 여러분!

우리 시민군을 절대 믿어주시고 적극 협조해 주시기 바랍니다. 감사합니다.

1980. 5. 25. 시민군 일동

그리고 "광주시민의 결의"를 채택하는 절차도 가졌다.

그 내용을 보면,

1. 이번 사태의 모든 책임은 과도정부에 있다. 과도정부는 모든 피해를 보상하고 즉각 물러나라!

1. 무력탄압만 계속하는 명분 없는 계엄령은 즉각 해제하라.

1. 민족의 이름으로 울부짖노니 살인마 전두환을 공개 처단하라.

1. 구속 중인 민주인사를 즉각 석방하고 민주인사들로 구국 과도정부를 수립하라.

1. 정부와 언론은 이번 광주의거를 허위 조작, 왜곡보도하지 말라.

1. 우리가 요구하는 것은 단지 피해보상과 연행자 석방만이 아니다. 우리는 진정한 "민주정부 수립"을 요구한다.

1. 이상의 요구가 관철될 때까지 최후의 일각까지, 최후의 일인까지 우리 80만 시민 일동은 투쟁할 것을 온 민족 앞에 선언한다.

1980. 5. 25. 광주시민 일동

또 이 대회에서 변두리에서 온 시민들은 학생들이 각 동별로 임시 동장이 되어주었으면 하는 의견을 제시했다. 변두리 시민들은 도청광장에서의 궐기대회 소식을 모르기 때문에 정부, 매스컴에 현혹되고 있으며 그리하여 대학생들이 홍보와 치안유지를 맡아달라고 요청했다.

궐기대회가 끝나고 5천여 시민들이 버스 1대를 앞세우고 시가행진을 전개, 화정동 대치지점까지 가서 연좌시위를 한 후 되돌아왔다.

투쟁파, 학생 수습위 완전 장악

한편 궐기대회 후 대학생들이 속속 와이더블유씨에이로 모여들어 7시경에는 백여 명이 되었다. 이들은 10명 1팀으로 조를 짠 후 윤상원 등 학생운동 출신 인사의 인솔 하에 도청에 들어가 수습위와 합류하였다.

이 과정에서 투항파 김창길, 황금선이 조직 이탈하여 투쟁파가 완전히 학생 수습위를 장악하게 되었다. 그 구성을 보면 위원장 김종배, 내무담당 부위원장 허규정(26, 조대2), 의무담당 부위원장 정상용(30, 회사원), 대변인 윤상원(5.27 계엄군 진입 시 피살), 홍보부장 박효선, 기획실장 김영철(32, 회사원), 기획위원 이양현(30, 무직), 윤강옥(30, 전대4), 민원부장 정해직(30, 교사), 상황실장 박남선(26, 운전), 보급부장 구성주(26, 상업) 등이다.

이때가 밤 9시였는데 이로써 끝까지 싸워나갈 지도부가 비로소 조직된 것이다.

이즈음 매스컴에서는 연일 광주는 생필품이 동나고 의약품, 피가 부족하다고 떠들어댔다. 그러나 쌀은 광주시청 공무원들의 적극적 지원으로 시청 비축미를 도청에서 사용했으며, 생필품 가게도 전혀 매점 현상도 없이 시민들에게 무료로 생필품을 나누어 주었다. 총상자의 의약품은 약간 부족한 게 사실이었으나 "피"는 시민들의 열렬한 헌혈 운동으로 남아돌 지경이었다. 또 시민들이 자발적으로 거리 청소에 나서 광주시내는 말끔히 단장되었다. 그리하여 정부의 "치안 부재" 운운도 무색하게 완전히 자치적으로 질서를 잡고 있었다.

5월 26일 새벽 5시 농성동에서 계엄군이 탱크를 앞세우고 시내로 진입하고 있다는 제보가 도청 상황실에 들어왔다. 모든 시민군에 비상이 걸렸고 이성학, 김성용 등 일반 수습위원들은 "차라리 우리를 깔고 들어와라"며 농성동 입구에 드러누웠다. 군은 1킬로미터쯤 밀고 들어와 한전 앞 커브 길에 진을 쳤다. 이는 군 수송루트를 확보하기 위한 작전이었는데 이때 도청을 공격하기 위한 병력, 무기가 공단입구, 백운동에 이르는 길로 수송되었던 것이다.

제4차 궐기대회

계엄군 진입 기도 소식이 퍼지자, 궁금한 시민들이 이른 아침부터 도청 앞 광장으로 모여들어 오전 8시 반경 "제4차 민주수호 범시민 궐기대회"가 임시로 개최되었다. 계엄군 측이 협상을 위반한 사실, 또 그들의 시민 이간책동이 성토되었으며 "전 언론인에 보내는 글", "대한민국 국군에게 보내는 글"이 채택되었다. "국군에게 보내는 글"을 보면,

〈대한민국 국군에게 보내는 글〉

우리 형제자매들을 무자비하게 학살한 계엄군에게, 그리고 타도에서 또 다른 만행을 저지르고 있을지 모르는 계엄군에게, 그리고 전방에서 수고하는 우리 국군에게 이 글을 띄웁니다.

국군 여러분!

국토방위를 전담해야 할 군인이 시민을 인간으로서는 상상할 수 없게끔 학살을 자행하고 우리의 고향을 짓밟을 수 있단 말입니까? 그것도 일반부대가 아닌 공수 특전단을 민간인에 투입하여 남녀노소를 불문하고 차마 이루 말할 수 없는 만행을 저질러 우리 시민은 군인만 봐도 치를 떨 정도가 되어버렸습니다.

국군 여러분, 국군은 왜 있습니까?

몇 사람 절대적 권력자의 사병은 결코 아닌 것입니다! 그런데 불행하게도 부마사태와 광주사태에서 군인이 국민의 군인이 아니라 몇몇 절대적 권력자의 사병으로 전락해 버렸습니다.

민족 반역자 전두환이 권력의 욕망을 채우기 위하여 군인이 민간인을 학살하고 탄압한 것은 국가적 비극이요 민족의 비극이 아니겠습니까! 여러분! 후방에는 여러분의 형제자매 어버이들이 살고 있습니다. 여러분도 후방에 있는 이런 분들의 안녕과 신변보장을 위해서 궂은 비 찬 눈보라를 개의치 않고, 아니 목숨을 바치면서까지 견뎌내고 봉사하고 있는 것이 아니겠습니까?

그런데 우리 "국민의 군대"가 적과 대치하기에도 숨 가쁜 우리나라 상황에서 군대를 빼내 후방에 있는 국민을 탄압하고 잔악한 살상을 자행함으로써 국토방위의 문제뿐 아니라 국민이 군을 믿을 수 없게 되어 민족의 비극으로 되어버린 것입니다.

친애하는 국군 여러분!

국군과 국민은 결코 원수일 수 없습니다.

우리는 사랑하는 한 형제요 자매인 것입니다. 국군 여러분 우리들은 국군을 상대로 싸우고 있지 않습니다. 단지 우리의 힘을 합하여 민주주의를 수호하고 민주사회를 건설하기 위해 투쟁하고 있는 것입니다.

이제 국군 여러분께 다시 한번 권하노니 더 이상 군사독재에 눈이 뒤집힌 살인마 전두환의 시녀가 되지 말고 다 같이 민족의 역적 전두환 놈에게 총부리를 겨누십시오.

1980. 5. 26. 광주시민 일동

또 이 궐기대회 도중 한 예비군이 등단해 "예비군이여, 궐기하자!"고 호소, 많은 호응을 받았다. 대회가 진행되는 중에도 시민들은 계속 모여들었으며 "투사의 노래"가 힘차게 불리워졌다.

나 태어난 이 강산에 투사가 되어 꽃피고 눈 내리기
어언 삼십 년, 무엇을 하였느냐 무엇을 바라느냐
나 죽어 이 강산에 묻히면 그만인데
아 다시 못 올 흘러간 내 청춘
푸른 옷에 실려 간 꽃다운 이 내 청춘

(이 당시 이 노래를 모르는 사람이 없을 정도로 많이 불려졌다)

궐기대회가 끝난 후 대형 태극기를 앞세우고 전대 스쿨버스, 고등학생 천여 명을 선두로 하여 수만 명의 시민들이 가두행진을 했다. 금남로에서 광남로로 꺾어 들어갈 때까지도 후미는 아직 출발조차 안 할 정도로 많은 수였다.

이들은 "우리는 싸움을 포기할 수 없다", "무기 반납은 절대로 안 된다", "살인마 전두환을 찢어 죽이자"는 구호를 외치며 금남로-광남로-광주공원-양림교-전대병원-청산학원-계림파출소-구역-한일은행의 코스를 따라 다시 금남로로 되돌아왔다.

기동타격대 조직

이날 드디어 시민군이 조직화되어 낮 12시경 도청 정문 앞에서 기동타격대가 조직되었다. 5,6명을 1개 조로 하여 각 조마다 조장 1명, 타격대원 4,5명, 군용지프 1대, 무전기 1대, 개인무기로는 카빈 소총 1정, 실탄 1클립씩을 배정, 7개 조로 편성되었다. 기동타격대장은 윤석루가 임명되어 상황실장-기동타격대장-부대장-조장-조원의 지휘계통을 확립, 시내순찰, 계엄군 동태 파악, 계엄군 진입 저지, 거동수상자 체포, 연행, 치안유지 등의 임무를 부여 받았다.

제5차 궐기대회

오후 3시 "제5차 민주수호 범시민 궐기대회"가 열렸다. 이 대회에서는 시민들의 자진 발언이 있었는데 양림동에서 온 아주머니, 증심사에서 온 젊은 스님(27일 계엄군 진입 시 피살), 예비군 등 많은 시민이 등단해 자신들의 분노를 토로했으며 끝까지 투쟁을 부르짖었다. 한 시민은 총기 강도 사건을 과장 보도하는 매스컴을 규탄했다. 그는 "평소에도 도시에는 강도사건이 하루에 보통 1,2건씩 일어난다. 총을 든 사람들은 약탈행위를 않는다. 시내 은행이 한 번도 털린 일이 없지 않는가?"고 말해 많은 시민들의 박수갈채를 받기도 했다.

대회도중 장례비용 모금운동이 전개되었다. 시민들은 자발적으로, 적극적으로 현금과 쌀봉지를 거두었다. 쌀 수 가마와 상당한 현금이 걷혔다. 분수대 단상에 음료수를 제공하는 시민도 많았다. 한 태국 기자는 담배를 사서 단상에 전하였다.

계엄군 진입 전야

한편 이날 오전 9시경, 일반수습위가 계엄분소를 찾아가 협상을 계속했는데 계엄군 측은

1)무장해제, 2)무기반납을 요구하며 사태 수습을 위해 계엄군 대신 경찰을 치안유지에 투입할 것을 약속했으나 "오후 6시까지

무기 반납하라 최후통첩이다" 라고 하는 등 무력진입을 강력히 시사했다.

또 오후 5시쯤 상무대 근무 방위에게서 군 병력 증강과 출전 전야의 돼지고기 파티 소식, 또 군 장교 부인으로부터 무력 진입한다는 소문이 전해지면서 시민들은 술렁대기 시작했다.

그런데 투쟁파가 도청수습위를 장악했음에도 불구하고 이날 투쟁파, 투항파의 대립은 계속되었다. 투항파는 "무기를 반납하고 사태를 해결 짓자"라고 주장한 반면, 투쟁파는 "무기를 반납하고 전부 죽으란 말이냐, 끝까지 투쟁해야 한다."고 반박하는 등 격론이 오갔다.

이때 밖에서는 궐기대회가 끝나고 끝까지 투쟁하자는 시민 5천여 명이 가두시위를 벌이기 시작했다. 이들은 만 명으로 불어나 화정동 대치지점까지 시위를 벌이고 돌아왔다. 그런데 돌아오는 도중 시위대는 점점 줄어들어 도청에 되돌아왔을 때는 불과 2백여 명뿐이었다. 이때 앞에 선 청년이 "여러분, 죽어도 좋다고 생각하는 사람만 여기 남고 그렇지 않은 분은 돌아가십시오"라고 목멘 소리로 외쳤다. 돌아가는 사람은 없었다.

이들은 스크럼을 짜고 도청 정문을 향해 돌진하며 "수습위는 도대체 어떤 놈들이냐?", "무기 반납은 절대 안 된다.", "우리에게도 총을 달라", "우리 형제자매는 지금도 죽어가고 있다. 끝까지 싸워야한다."고 외치며 시위하다가 상황실장 박남선이 도청 정문에 나와 "무기를 줄테니 와이엠씨에이에 들어가 기다려라"고

하여 모두 와이엠씨에이로 들어가 농성을 하며 대기하였는데 이들은 거의 노동자, 종업원, 실업자 등 하층민들이었다. 이즈음 궐기대회에의 참여도 점차 하층민이 주류를 이루었으며, 또 직접 총을 들고 싸운 시민군은 가족 중 피해가 있는 사람, 노동자 그리고 실업자, 구두닦이, 고아 등으로 구성되어 있었다. 같은 노동자라도 아세아자동차, 호남전기 등 대기업 노동자들의 참여도는 미약한 반면, 수공업적 영세업체 노동자들의 참여도가 두드러졌다.

한편 이즈음 와이더블유씨에이에서 대학생 70여 명이 결집, 도청으로 들어갔는데 격론이 계속되던 도청 안에서는 "무기를 반납하는 자는 계엄군의 끄나풀로 간주하겠다!"는 고함소리가 터지면서 마침내 끝까지 투쟁하기로 결정됐다. 김창길을 비롯한 투항파 20여 명은 도청을 떠나갔으며 도청상황실, 와이더블유씨에이에 대학생 100여 명을 비롯해 300여 명이 지키고 있었다.

계엄군 무력진입: 5월 27일

드디어 계엄군은 27일 새벽 0시를 기하여 광주의 외곽 진입로를 봉쇄하면서 엠16, 화염방사기, 수류탄 등 각종 무기를 동원, 탱크를 앞세우고 광주시내에 무력진입을 개시했다. 전대병원 입구에서 또 한일은행 앞에서 계엄군을 발견하고 급히 도청으로 되돌아갔다.

이때 계엄군은 지원동에서 하천을 따라 적십자병원에서 도청 남쪽(양평20사단), 지원동에서 학동-전대병원-도청 후문(상동), 백운동에서 한일은행-도청 정문(상동)-화정동-유동(상무대 병력), 서방-계림국교-시청-도청 북쪽(31지역사단)으로 나뉘어 공격해 왔다.

와이엠씨에이에서 농성 중이던 200여 명은 모두 도청에 들어가 무장한 후 전일빌딩, 와이더블유씨에이, 계림국교로 배치되었다. 또한 박영순 양(21, 송원전문대2)은 지프를 타고 가두방송에 나서 "시민 여러분, 지금 계엄군이 공격해오고 있습니다. 우리 형제자매가 계엄군의 총칼에 죽어가고 있으니 전 시민은 도청으로 오셔서 무기를 들고 싸웁시다."라고 대인동 신역, 시청, 산수오거리 등지를 돌며 간절한 목소리로 호소, 많은 시민들이 도청으로 몰려와 속속 총을 들었다.

그러나 도청으로 뛰어오다가 100여 명이 "도청 방황" 혐의로 체포되고 약 100명 정도가 사살되었다. 순식간에 시내곳곳에 쓰러진 시체가 나뒹굴었다.

새벽 4시 10분경 도청은 계엄군에 의해 완전 포위되었다. 공수부대는 도청 후문을 돌파, 도청에 난입해 무자비한 살육을 자행, 수많은 시민군이 쓰러져갔다. 이때 수습위 대변인 윤상원은 계엄군의 총탄에 옆구리를 맞고 휘청거리자 동료들은 그를 자리에 뉘이고 이불로 덮어주었으나 수류탄이 터지는 바람에 사망했다.

또 "무기를 버리고 항복하라!"고 외쳐대는 계엄군의 말에 무기를 버리고 두 손을 든 채 몸을 드러냈다가 계엄군이 무자비하게 난사하는 엠16에 많은 시민군이 죽어 넘어졌다. 4시 55분 마침내 도청의 시민군들은 전우의 시체를 넘으며 두 손을 들고 투항했다. 또 전일빌딩에서는 20여 명이 끝까지 싸우다 오후 2시경 마지막으로 옥상에 올라가 최후까지 분투, 모두 전사했다.

도청 및 와이더블유씨에이, 와이엠씨에이 등지에서 체포된 생존자들은 일단 전교사(전투병과교육사령부) 건공단으로 이송되어 계엄군에 의해 10파운드 곡괭이 자루로 초죽음이 되도록 두들겨 맞았다.

한편 이날 계엄군은 시내 전역의 가택을 샅샅이 수색, 수백의 청년을 끌어갔으며 여인숙에서 잠을 자고 있거나 길거리를 통행하고 있는 젊은이는 무조건 시청, 아모레화장품, 관광호텔 등으로 끌려가 계엄군의 무자비한 고문과 폭력으로 수십 명이 죽어갔고 나머지는 밤 8시경 헌병대로 이송되었다.

이후 계엄군은 시내 골목골목마다 삼엄한 경비를 펴, 시민들이 일체 밖으로 나오는 것을, 심지어 창밖으로 쳐다보는 것조차 일절 금했다.

이리하여 열흘간 한반도를 뒤흔들었던 광주 민중봉기는 막을 내렸다. 씻을 수 없는 통한을 남기며.

차디찬 아스팔트 위에 싸늘하게 식어간 내 자식과 형제들의 영혼을 붙잡고 통곡하는 유족들의 오열이 80만 광주시민의, 400만 전남도민의, 아니 4000만 대한민국 국민의 가슴마다에 얽혀진 채.

찢어진 깃폭
-어느 목격자의 증언

전원의 도시

80년 5월 19일, 20일 아름답고 조용한 전원의 도시, 수많은 민주
인사를 양육해낸 호남의 젖줄이던 빛의 고을인 광주가 피의 쑥
밭으로 변하던 날, 공설운동장 입구에다 승객을 토해내고 도망
치듯 시외로 빠져나가던 고속버스의 뒷모습에서 사태의 심각성
을 쉽게 짐작할 수 있었다.

　나는 피로에 지친 몸을 택시 시트에 던졌다. "도청 앞으로 갑
시다" 방향을 제시하는 내 말이 떨어지기가 무섭게 기사는 죽는
시늉을 하면서 "걸어가시오" 명령조로 말하며 탁 브레이크를 밟
아버린다. 하는 수없이 걷기로 하고 임동 쪽으로 걸어갔다.

　불타버린 도시가 어느 패전한 도시의 단면을 보여주는 듯했고

가로엔 완전무장한 계엄군들이 전쟁터의 실상을 연상케 했다.

총열에 대검을 부착시킨 계엄군들은 승전의 대가로 얻어낸 적지를 짓밟듯 온통 시가를 누비고 있었다. 나의 전신에선 오싹한 소름이 돋아나기 시작했다. 나는 그들을 훔치듯 살피며 벌써부터 이마에 돋아난 땀방울을 주먹으로 훔치면서 금남로에 접어들었다.

살인면허

양처럼 순하기만 한 시민들이었다.

그러나 이날 그토록 순한 양들이 기어코 민주수호라는 제단에 바쳐지는 피의 제물이 되고 있었다.

여기저기서 들려오는 아우성, 창자를 뒤틀리게 하는 비명소리, 임종을 알리는 듯한 비단 찢는 소리, 소리……

땅은 입을 벌려 젊은 넋들이 짜낸 피를 서서히 마시고 취하기 시작했다. 하늘은 온통 메아리치는 함성으로 찢어지고 있었다. 시위학생들, 구경하던 시민들은 미처 피할 겨를도 없이 벌떼처럼 날아온 공수특공대의 포위망에 걸려, 사력을 다해 피하고 있었다.

설마 양민을 죽이기까지 하랴 하는 단순하고도 어리석은 믿음에 의지하고 중심가에 접어든 나는, 일단은 살아야겠다는 가장 기본적인 본능에 밀려 필사적으로 도망쳤다.

뒤쫓아오는 총검의 섬뜩한 촉감을 어깨로 의식하며 어느 빌딩 안으로 정신없이 뛰어 들어갔다. 고맙게 먼저 온 사람들이 눈 깜짝할 사이에 셔터를 내려주어 철퇴에 골통이 부서지고 대검에 가슴이 찔리는 참극을 면할 수 있었다.

　난생 처음으로 죽음이라는 검은 그림자가 내 곁에 가까이 다가서고 있음을 절감했다. 나는 피신객들의 틈에서 생쥐처럼 움츠리고 그물망처럼 엮여진 셔터의 바깥 정경에 눈을 뗄 수가 없었다. 고막을 찢는 총성, 예리한 대검, 철봉 휘두르는 소리, 누군가의 목숨이 절단나는 소리, 비명소리는 아비규환을 정확하게 설명해주고 있었다. 남녀노소 학생 일반 할 것 없이 닥치는 대로 갈기고 찌르고 부쉈다. 마치 2차 대전 당시 독일군에 의해 모잠비크가 무자비하게 학살되어 몰락하던 그 현장을 직접 눈으로 보는 착각이 일어났다.

　이때 나의 앵글엔 무서운 현장이 잡혔다.

　미처 피하지 못한 70세가량의 할아버지의 뒤통수에 공수병의 철퇴가 내려지자 노인의 입과 머리에선 분수 같은 선지가 쏟아져 내리며 비명도 없이 풀썩 고꾸라졌다. 피와 살이 찌고 창자가 용트림을 한다더니 정말 나는 어찌해야만 가장 좋은 것인지 전신이 꼬아지는 듯한 아픔에 돌계단에 주저앉고 말았다. 곁에 서 있던 젊은 아주머니는 발을 동동 구르다가 그대로 땅바닥에 장승처럼 무너져 내린다.

　약자의 분은 참으로 분한 것이었다. 호소할 곳도 의지할 곳도 없는 약자의 분은 참으로 고독한 설움이었다. 살인현장, 그것도 가장 무자비하고 잔악한 살인현장을 직접 목격하기는 이번이 처음이다. 그러나 살인극의 악랄함은 그것이 전부가 아니었다. 두 명의 공수병에 개처럼 끌려온 여인은 만삭이 가까운 임산부였다. "야 이년아 주머니에 들어있는 게 뭐야" 나는 무엇을 묻는지 영문을 몰라 그녀의 손을 살폈으나 손에는 아무 것도 없었고 무엇을 담았을만한 주머니도 눈에 띄지 않았다. "이 쌍년이! 뭔지 모르가? 머스마가? 기집아가?" 옆엣 놈이 다그치는 것을 보고야 나는 그게 무엇을 말하는지 알 수가 있었다.

여인의 기어드는 목소리는 들을 수 없으나 아마 자기도 알 수 없다고 말하는 눈치인 듯했다. "그럼 내가 알려주지" 순간 여자가 반항할 틈도 없이 옷을 낚아채자 그녀의 원피스가 쭉 찢어지며 속살이 드러났다. 공수병은 그녀의 배를 쿡 찔렀다. 후비면서 찔렀는지 금방 창자가 튀어나왔다. 그들은 다시 그녀의 아랫배를 가르더니 태아를 끄집어내어 아직도 할딱이는 여인에게 던졌다. 도저히 믿을 수 없고 있을 수도 없는 이 처절한 현장을 목격했던 사람들은 하나같이 고개를 돌리고 몸서리를 치면서 이를 갈았다.

나는 눈을 감고 혀를 깨물었다. 전신에 경련이 일었고 다시 눈을 떴을 땐 시체도 공수병도 한꺼번에 사라졌다. 옆에 서있던 아저씨 말에 따르면 마치 오물 치우듯 가마니에 쑤셔 넣어 쓰레기차에 던지고 갔다는 것이다.

나는 무의식중에 하나님을 불렀다. "하나님! 이를 어찌하면 좋습니까? 저 선량한 피가 받아야 할 보상은 무엇입니까? 장차 이 나라가 어찌되는 것입니까? 정말로 저들이 이 나라 국토방위의 성스러운 사업에 동참하는 대한민국의 군인입니까?" 내가 소유하고 있다고 믿어지는 이 알량한 목숨을 위해 그토록 끔찍한 광경을 숨어서 엿보던 자신이 부끄러워지기 시작했다. 항거할 수 없는 자신의 비굴함을 보고 참으로 치사한 인간의 모습이 확인될 때 자신에게 얼마나 환멸을 느꼈는지 모른다. 배가 갈라져 죽어가던 그 여인을 보는 분함에서가 아니라 자신의 비굴하고도 용렬한 모습에서 최초로 자기부정이라는 것을 경험했기 때문이다.

어느새 딴 곳으로 피신했는지 내 옆에 있던 사람들은 다 없어져 버렸다. 계엄군이 휩쓸고 간 자리엔 핏자국과 파편과 오물과 분노가 난무한다. 대검과 철봉을 피해 군중들은 골목, 다방, 식당, 가게, 건물 아무데고 뛰어들었다. 피를 마시기에 혈안이 된 그들은 아무나 잡히는 대로 찌르고 갈겨서 현장에서 즉사시키는 것이었다. 그들은 분명히 면허증을 소지하고 있었다. 남녀노소 아무나 죽일 수 있는 살인면허를.

어느 골목을 벗어나 대로 앞에서 나는 딱 서고 말았다. 거의 반사적으로 몸을 빈 상자 뒤에 숨겼다. 참으로 무섭고 끔찍한, 역사가 생긴 이래 어느 학살 현장에서도 결코 시도되지 못했던 그런 참극을 또 보아야만 했다.

여대생으로 짐작되는 세 명의 아가씨들이 공수병에 의해서 서서히 껍질이 벗겨지고 있었다. 브라와 팬티까지 모조리 찢어내고 그중 유독 험하게 생긴 공수병이 워커발로 아가씨의 궁둥이를 걷어차면서 "빨리 꺼져! 이년들아 지금이 어느 때인 줄 알고 데모하고 지랄이야" 성난 늑대처럼 내몰았다. 그러나 이 일을 어찌하랴. 처녀들은 도망치는 것이 아니라 하나같이 가슴을 쓸어안고 길바닥에 주저앉아 버린다. 나는 그들이 도망쳐주기를 얼마나 간절히 바랐는지 모른다. 그러나 그 얄미운 가시내들은 나의 기구는 아랑곳없이 땅바닥에 붙어서 떨어지지 않는다. 이때 한 놈이 고함쳤다. "이 쌍년들이 살기가 싫은가봐 그럼 할 수 없지" 순간 아가씨들의 등에는 대검이 득달같이 꽂히면서 분수를 뿜어냈다. 고꾸라진 아가씨들의 가슴을 X자로 들고 긋더니 생사확인도 없이 쓰레기차에 던져버린다. 암매장을 하는지 불태워 버리는지 그것은 알 길이 없다.

언어를 초월한 사랑

밤새워 볶아대는 총성, 전쟁영화에서나 듣던 연발하는 저 총성, 카빈과 엘엠지로 연달아 긁어대는 총알은 도대체 누구의 가슴을 뚫기 위해서 저토록 표독하게 빗발치는가. 이미 도심의 아스팔트는 선혈로 물들었고 계엄군의 잔악한 무차별 발포에 밤새운 시위군중은 500명 이상이 피를 토하고 쓰러졌음을 고교 3학년에 재학하는 조카가 밤새워 그들에게 화염병을 던지며 저항하다가 몰골이 아닌 모습으로 돌아와서 전하는 말이다. 나는 개죽음을 당해서는 안 된다고 말리자 "친구가 죽어가고 형제들이 다 죽어가는데 나만 살자고 피하란 말입니까?" 흥분을 누르지 못하고 오히려 내게 대드는 바람에 나는 할 말이 없어지고 말았다.

피를 본 학생들과 시민들의 가슴은 분노와 저주로 흥분의 극을 이루었고 시내의 모든 기사들은 저마다 차를 몰고나와 시위군중을 태우고 카퍼레이드를 벌이기 시작한다. 가로엔 어디를 가나 끊이지 않는 시민이 나와 시위 군중에게 박수와 환호로써 격려를 보냈고 젊은이들은 너나할 것 없이 차에 올랐다. 고속버스, 시내버스, 군용트럭, 장갑차, 불도저, 영구차, 장군전용 방탄차 등 그림에서도 보지 못했던 희한한 차량들이 수백 대가 동원됐고 아세아자동차 공장의 정비원 수백 명이 뛰어나와 고장 난 차량을 정비하여 다시 내몰았다.

줄서는 시위차량에 기름을 공급하기에 아까움이 없었다.

한 방울이라도 더 주려고 지나는 차량을 불러오기도 했다. 차량마다 피로 쓴 플래카드와 덜 마른 선혈이 흘러내리는 차체의 구호가 시민들의 가슴을 흔들었다. "살인마 전두환을 때려 죽이자", "최규하와 신현확을 추방하라", "김대중 씨를 석방하라", "계엄을 철폐하라"는 선혈로 갈겨 쓴 휘호와 함께 우리의 국기는 그들의 손에서 그들의 차에서 찬란하게 펄럭이고 있었다.

울다가도 웃을 수밖에 없는 모습도 많았다. 고속버스 지붕 위에 올라앉은 수십 명의 학생들이 함성을 외치며 총검대신 각목과 공구로 차체를 두들기며 구호에 강한 악센트를 가미하고 있었다. 차량을 확보한 데모 군중의 기동력은 무서운 것이었다.

민주수호를 위해 몸 바치겠다고 나선 저 젊은이들, 분노에 이글거리는 눈들, 피로 물든 가슴들. 그들의 머리엔 피로 쓴 글씨로 얼룩이 진 띠를 불끈 동이고 목이 찢어져라 외치는 함성.

사랑은 우리의 이웃, 가난하고 소박하고 티 없는 아이들, 벌써 차량은 여학생과 아주머니들도 합류하고 있었다.

외치다 외치다 목이 쉬어 들리지도 않는 목소리로 민중을 향해 눈물의 호소를 보내는 어린 소녀들의 절규에 나는 기어코 울어버리고 말았다.

승차하지 못한 사람들은 너나할 것 없이 김밥을 만들어왔고 음료수를 가져왔다. 먹을 것, 마실 것을 공급하기에 아까울 것이 없었다. 어느 구멍가게의 70대 노파는 진열된 먹을 것을 송두리째 쓸어 담는다. 계란, 빵, 우유, 주스 할 것 없이 모두 주고만 싶은 모양이다. 아까울 것이 없다. 그 상자를 노인은 들지 못한다. 나는 그것을 들어다 달리는 차량을 세우고 차 안으로 밀어 넣었다. 아이들의 얼굴엔 싸우다 싸우다 죽으리라는 각오가 역력하게 서려있었다. 먹을 것을 준비하지 못한 아낙네들은 하나같이 물통을 들고 나와 그들의 얼굴을 닦아주고 물을 입에 대준다. 정신없이 질주하는 차량들을 아랑곳하지 않고 하나같이 목숨을 바치는 피와 사랑의 투쟁이었다. 등을 다독이며 격려하는 사람, 약과 드링크제를 들고 나온 약사들, 박수와 격려를 보내기에 혼신을 다하는 인파와 인파.

5월 22일 헌혈 병원

계엄군은 도청 앞 광장에 장갑차를 지그재그로 정차시켜 바리케이드를 쳐놓고 총구를 시민 쪽을 향해 언제 불을 뿜을지 알 수 없는 활화산의 분화구처럼 지글지글 불타고 있었다.

하오 3시 무서운 충돌을 예고하는 조짐이 서서히 짙어갔다. 무기가 없는 학생들의 유일한 무기는 각목과 주유소에서 뽑아온 기름이었다. 그들은 다섯 개의 드럼통을 트럭 위에 싣고 통마다 기름을 가득히 넣은 후 트럭에 시동을 걸어 계엄군 쪽으로 몬 뒤 솜뭉치에 불을 댕겨 차에 던졌다. 놀라운 불기둥이 솟아올랐다. 그것을 신호로 해서 서서히 계엄군들의 총구에서 다시 불이 튀기 시작했다.

장갑차 위에서 태극기를 흔들며 구호를 외치던 중3년 또래의 소년이 이마와 복부로 시뻘건 피를 토해내며 쓰러졌다. 그의 손엔 아직도 태극기가 쥐어진 채 차 위에 쓰러져있다. 군중을 향해 쏟아지는 실탄은 빗발치듯 했다. 내 앞에서 지휘하던 청년이 "아이쿠"하는 외마디를 남기고 쓰러졌다. 또 잇달아서 여기저기서.

들것을 준비하지 못한 데모 군중은 등에 업거나 각목으로 들것을 만들어서 환자나 시신을 날랐다. 저 어린 나이에 이름 없이 져가는 꽃잎들. 태극기를 손에 쥔 채 저토록 처참하게 죽어간 저 무명소년의 피는 역사에 어떻게 기록될까. 폭도, 불량배, 반국가단체의 용공 내지 간첩의 사주를 받은 역도라 기록할 것인가. 아무도 알아주지 않는 들풀, 향기도 아름다움도 간직하지 못한 들풀처럼 잔서리에 지고 만 저 어린 넋을 무어라고 이름 지어 주어야 하는가. 찢어진 채 펄럭이는 피에 물든 깃폭, 구멍 뚫린 저 태극에 서린 한을 아는가 모르는가.

시민 여러분! 피를 주십시오. 헌혈을 하십시오. 피가 없어 환자들이 죽어갑니다. 학생들은 마이크를 통해 목이 메도록 헌혈을 호소해왔다. 여기저기서 헌혈하겠다는 남녀들이 나섰다. "헌혈차"라고 정말로 피로 쓴 구급차에 태워져 적십자병원에 도착했다. 병원에 들어서자 속이 넘어올 것만 같았다. 내장이 송두리째 뒤집히는 피비린내, 여기저기 병실복도, 실내 할 것 없이 그 큰 병원이 환자로 꽉 찼다. 어디 앉아서 채혈을 할 공간이 없다. 하는 수없이 다시 차를 타고 다른 병원으로 향했다. 양림동 다리 위에서였다. 모인 군중들을 제지하던 1명의 계엄군에게 어느 청년이 돌을 던졌다. 그는 힘없이 고꾸라졌다. 학생들로 보이는 청년 둘이서 그의 철모를 벗기고 그 자리에서 골통을 박살냈다. 민중은 박수를 쳐댔다. 모처럼의 복수를 했다는 그들의 얼굴엔 승리의 기쁨이 출렁이고 있었다.

나의 가슴에도 그들처럼 계엄군 한 놈을 해치운 시원한 흥분이 저려왔다.

어느 병원도 마찬가지로 초만원이었다. 헌혈을 마치고 돌아서면서 나는 생각했다.

누군가 이름 모를 젊은이의 가슴에 나의 피가 혼합되어 흐른다고 생각하니 나도 모를 연민의 정이 그를 향하고 있었다. 살아서 꼭 살아나서 용감히 싸워 모든 젊은이들의 피가 헛되지 않기를 바랐다.

현역장교들도 분노를 참지 못해 몸서리를 치고 있는 이 끔찍한 사태가 몰고 온 인명피해는, 데모 군중의 시위차량을 지휘했던 모 대학생은 사살된 사람을 1200명, 교통사고, 대검 등에 의해 죽은 사람을 800여 명으로, 도합 2000명이 넘는다고 강경한 어조로 전했으나 시체를 확인해보지 않은 이상 뭐라고 말할 수가 없다.

총탄이 지나간 구멍 뚫린 태극기, 핏물이 배어 얼룩진 깃폭에 서린 민족의 한, 이 한을 뉘라서 풀어줄 것인가. 눈감으면 선하게 떠오르는 찢어진 깃폭, 볼에는 뜨거운 액체가 흘러도 흘러도 그칠 줄을 모른다.

증 언 과

과   제

광주 해방구에 핀 사랑의 꽃

박몽구

시인, 518구속부상자회 회원, 1977년 월간 『대화』로 등단, 『개리 카를 들으며』, 『봉긋하게 부푼 빵』, 『수종사 무료찻집』 등의 시집을 상재하였다. 연구서로 『모더니즘과 비판의 시학』, 『한국 현대시와 욕망의 시학』 등을 갖고 있다. 계간 《시와 문화》 주간.

5월이면 금남로 1가 와이엠씨에이 옆에 자리잡은 진헌성내과의 담 너머로 풍성한 머리를 드리우던 라일락 향기가 지금도 생생하게 다가온다. 5월 들어 개화를 시작한 분홍빛 라일락은 21일에서 27일에 이르는 광주 해방구 기간 내내 풍성한 향기와 함께 넉넉한 그늘을 드리워 주었다. 스물다섯의 나는 평소 존경해 마지않는 선배 시인이기도 했던 진헌성 선생의 자택이 자리잡은 도청 분수대 주변을 광주민중항쟁 내내 벗어날 수 없었다. 지금 와서 돌아보면 무슨 불굴의 투사 정신에서라기보다 눈을 가린 총칼의 위협에도 불구하고 라일락 그늘 아래로 몰려드는 무구한 시민들 곁을 차마 떠날 수 없었기 때문이다. 계엄군에 맞서 해방구를 쟁취하고 지켜낸 이들은 대학물을 먹고 책깨나 읽은 지식인들이 아니라 가난하고 무지한 민초들이었다. 한국의 근현대사상 전례가 없는 해방구는 이름 없는 시민군들이 총을 놓는다는 것은 곧 총살로 이어질 것이라는 위기의식에서 죽음과 기꺼이 맞바꾼 끝에 이룩해낸 민중 자치의 공간이었다.

나는 1978년 유신체제하 국민의 굴종을 강요하는 국민교육지표에 반대한 민주교육지표 선언을 주도한 혐의로 제적되었다가 1980년 봄 들어 학교로 돌아온 스물다섯의 청년이었다. 또한 민주화 시위에 앞장선 끝에 강의실을 빼앗겼다가 캠퍼스로 돌아온 학생들의 조직체인 '전남대 복학생 협의회' 회장을 맡고 있었다. 그 같은 관계로 당시 전남대 학생회 멤버들이 유례 없는 전환기를 맞이하여 운동의 방향을 잡는 데 조언을 아끼지 않았고, 당시 시위에도 적극적으로 참여하였다. 당시 운동권에서는 전두환을 중심으로 한 보수반동 세력 중심의 군부가 머지않아 대학 문을 닫고 시민들의 집회와 시위를 원천 봉쇄하는 계엄령을 선포할 것을 예측하고 있었다. 그에 따라 5월 15일 시민과 교수·학생들이 혼연일체가 된 전남도청 앞 시위에서도 계엄령이 내려질 경우에는 모든 학생들이 전남대 정문 앞에 모이자는 합의가 이루어졌다.

시민과 함께 하기 위해 금남로로

나는 5월 18일 새벽 최규하 정부의 계엄 선포와 함께 군대가 정부를 장악하고 주요 대학이 봉쇄되었다는 심란한 방송 뉴스를 듣고 날이 밝자마자 전남대 정문 앞으로 갔다. 정문은 굳게 닫혀 있었고 문 앞에는 착검한 계엄군이 지키고 있었다. 이날 9시가 되자 수백 명의 전남대생들이 모여 교내 진입을 시도하였지만, 변변한 대화 한 번 해볼 틈도 없이 계엄군은 착검을 한 채 학생들을 무자비하게 진압하였다. 그때까지 전투경찰과 대치하던 것과는 전혀 다른 살벌한 진압이었다. 심지어 몇몇 학생들은 계엄군의 총칼을 피해 민가의 높은 담을 넘다가 크게 상처를 입기도 하였다.

이 같은 사태를 지켜보면서 나는, 교문 앞에서 계엄군들과 공방을 벌이는 것은 불필요한 일이며, 광주의 중심지인 금남로로 진출하여 시민들에게 진상을 알리고 힘을 합하는 것이 급선무라고 판단하였다. 그렇게 판단한 데에는 1979년 10·26의 도화선이 된 부마항쟁에서 시민들과 힘을 합하는 것이 민주 회복의 열기를 확산하는 데 첩경이라는 인식이 깔려 있었다. 마침 나를 알아본 몇몇 후배들이 상의해 오자 이 같은 나의 판단을 밝히고, 금남로로 진출하여 시민들과 합세하자는 데 합의하였다. 우리들 200여 명 남짓의 전남대생들은 그날 10시경에 전남대 정문을 출발하여 광주역과 대인동 종합터미널을 경유하는 2km 남짓 되는 거리를 스크럼을 짠 채 달려 금남로로 진출하였다. 우리는 금남로에서 기다리던 적잖은 청년학도들과 힘을 규합하였고, 우리의 뜻을 전달 관철하고자 독재 타도, 계엄령 철폐 등의 구호을 외치며 도청 쪽으로 진출을 시도하였다. 초기에는 전투경찰대와

밀고 당기는 공방을 서서히 벌였을 뿐 별다른 충돌은 없었다. 그런 가운데서도 시민들은 거리를 가득 메울 만큼 불어났다. 그런데 정오 무렵이 되어 계엄군이 투입될 것이라는 소문이 돌더니 급기야 전투경찰대가 물러서고 계엄군과 맞닥뜨리게 되었다. 이 과정에서 시민 학생들은 미증유의 사태를 맞이하였다. 공수부대 출신의 계엄군들은 군용 트럭에서 내리자마자 서슴없이 시위대를 향하여 무자비하게 곤봉을 휘둘렀고, 심지어 금남로 2가 카톨릭센터 일대 거리에서는 시위에 참가하지 않는 시민들을 향해서도 인정사정없이 곤봉을 휘둘러 대규모 부상자가 발생하였고, 계엄군은 무차별로 시민들을 체포해 갔다. 이것이 곧 광주민중항쟁의 도화선이 되었다. 금남로를 빼앗긴 시위대는 계림동과 산수동, 광주공원 일대 등 광주시내 전역으로 흩어져 진종일 계엄군과 사투를 벌이게 되었다.

무구한 시민들의 살신성인

필자는 항쟁의 불씨를 일군 한 사람으로서 초기부터 미완의 혁명으로 저물기까지 현장을 지킨 사람이다. 계엄군은 18일 당일에만 수백 명의 시민들을 연행하고 국민의 군대라는 이름을 붙일 수도 없이 수많은 시민들을 희생의 제물로 삼았다. 사태가 이쯤 되면 그 공포에 눌려 여느 시민이라면 저항을 멈추고 말았을 것이다. 실제로 그동안 전남대 학생회장을 비롯한 내로라하는 시인과 교수 등 지식인들은 대부분 검거를 피해 시 외곽이며 시골로 도피하였다.

이 같은 사태에 즈음하여 항쟁의 불씨를 새롭게 일구고, 마침내 완전 무장한 계엄군을 몰아내고 해방구를 건설한 것은 지킬 것 없는 평범한 시민들과 노동자 및 부랑인들이었다. 참담한 슬픔을 안은 채 라일락 향기보다 피비린내가 더 온 시내를 진동하던 항쟁의 첫날이 저물고 19일이 밝자 시민들은 어제와는 사뭇 다른 거리의 풍경을 목격하였다. 그만한 희생이면 항쟁의 의지는 꺾일 만했지만, 평범한 시민들은 무고한 시민들이 희생을 묵과할 수 없다는 듯 정오 무렵이 되자 금남로 일대로 하나둘 모여들었다. 공수부대와 교체된 광주 인근 31사단 병력들은 시민들에게 집으로 돌아갈 것을 종용했지만 오후가 되자 시민들은 수만 명의 대규모 시위대를 이루었다. 계엄군은 거리에 나선 시민들을 향해 무차별 난사하고, 심지어 적십자 완장을 차고 쓰러진 시민을 구하러 가는 여성에게까지 총알을 퍼부었다. 하지만 광주시내 버스기사, 택시 기사들이 차를 앞세워 계엄군에 맞서자 전남도청 안으로 피해 들어갔다.

이제 시민들의 구호는 '전두환은 물러나라'에서 '계엄 철폐!', '민주 회복' 등 보다 적극적이고 민주시민다운 구호로 바뀌었다. 이날부터 21일 저녁 계엄군이 철수하기까지 시민들이 보여준 희생정신과 투지는 실로 눈물겨운 것이었다. 필자는 21일 구름같이 몰려든 시민들이 금남로의 끝 도청으로 치닫는 광경을 뜨거운 눈물로 지켜보았다. 이날 시민군은 계엄군이 장갑차를 타고 시위대 사이를 무차별로 누비는 것을 볼 수 없었던 나머지 군장비를 납품하던 광천동 소재 아시아자동차 공장에서 장갑차를 징발해와 계엄군에 맞섰다. 당시 필자는 십대 후반에서 이십대 전반의 청년들이 장갑차 위에 타고 태극기를 가슴에 안고 도청을 향해 나아가다가 계엄군의 저격병에게 사살당하는 장면을 몇 번이고 보았다. 필자는 뒷날 그 감동을 「십자가의 꿈」 연작으로 쓴 바 있는데, 그 가운데 한 편을 옮기면 다음과 같다.

눈물개스가 공중에 가득 배어 안개를 이루고 있었다
뜨거운 눈시울 위에
갑자기 납덩이에 맞아 떨어지는 새처럼
장갑차 위로 가슴을 내밀고 나아가던
어린 소년의 죽음이 얹혀졌다
그때마다 바위에 찢긴 파도가 갈라지듯
총소리도 아랑곳없이 이내 다시 달려들어
완강한 바다를 이루어버렸다
다시 장갑차 위로 깃발이 담긴 가슴을 내밀고
나아가던 소년의 목이 하나 더 떨어졌다.
사람들은 쓸쓸한 섬처럼
선지피 낭자한 소년 하나만 남긴 채
다시 뿔뿔이 흩어졌다

그러다가는 얼마 안가 다시 장갑차에

깃발을 든 새로운 소년이 오르고

분노로 벌건 얼굴들이

죽은 소년의 일가처럼 바다를 이루었다

죽음의 공포도 사람들을 더 이상 갈라놓지는 못했다

바닷물은 어디서 몰려드는지 몰라보게 불어났다

고향을 버렸던 형들도

방안에서 이불을 뒤집어쓰고 있던 사람들도

무엇에 이끌렸는지 모두 흘러들어

퍼내도 퍼내도 마르지 않는 바다가 되었다

몇 사람의 제물로 바다의 분노를

잠재울 수 없는 새벽

무기는 마침내 거꾸러지고

사람들은 빼앗긴 땅을 되찾을 수 있었다

─「십자가의 꿈 5 ─ 금남로 탈환의 대낮」 전문

　젊은 청년들의 이 같은 희생이 잇따른 뒤에 금남로 3가 소재 한국은행 광주지점 등지에서 무장한 시민들이 계엄군을 향해 총기로 응사하기 시작하면서, 계엄군은 수세에 몰렸고 마침내 그날 밤 조선대학교 뒷산을 넘어 후퇴하고 말았다. 1930년대 스페인 내전에서 수많은 젊은이들이 목숨을 내걸고 프랑코의 독재 정권에 항거하여 해방구를 일구었듯, 자발적인 시민들로 구성된 시민군은 이른바 공권력이 부재한 상황에서도 약탈이나 방화 등 일체의 질서 파괴 행위가 없이 시민 자치로 이끌어가는 해방구를 이룩해냈다.

파리 콤뮨의 장관을 그리며

아마도 1977년 가을쯤의 일일 것이다. 당시 전남대생들을 주축으로 한 대여섯 명의 젊은이들이 광주 계림동 소재의 녹두서점에 모여서 쥴 발레스가 지은《파리 콤뮨》의 일본어판을 김남주 시인의 지도하에 강독하고 있었다. 당시 전남대 공대생 노준현 군을 비롯한 여남은 명의 젊은이들은 1871년 3월에 발발하여 불과 3일간의 단명으로 끝난, 파리의 노동자를 중심으로 한 기층 민중들이 철통같이 단결하여 이룬 해방구에 대한 이야기를 경이의 눈으로 들었다. 녹두서점은 광주전남지역 운동권에 이론적 토대를 제공하고 있던 민청학련 출신 김상윤 씨가 꾸려가던 헌책방이었다. 1974년《창작과비평》을 통해 시인으로 등단한 김남주는 후배들에게 일본어도 가르치고 유신독재를 타도하고 민주 새벽을 앞당기는 데 필요한 교양을 심어줄 요량으로 이 책을 선택해 지도하였다.

　그러나 원서 강독을 제대로 펼쳐볼 틈도 없이, 첩보를 입수한 정보과 형사들의 급습을 받아 검거된 일본어 강독 팀은 혹독한 취조를 받아야 했고, 김남주 시인은 기약 없는 도피생활에 들어가야 했다. 남인수의 '고향의 그림자'를 멋들어지게 부르던 김남주가 우리에게 다시 나타난 것은, 1979년 10·26 직전 몇몇 동지들과 함께 민주화를 위한 자금 마련을 목적으로 모 건설회사 사장 집 담을 넘었다가 미수에 그친 뒤 체포된 모습으로였다. 돌이켜보면 서슬 푸른 유신체제하에서 내로라하는 운동권 인사들마저 숨을 죽이고 있을 때, 개벽 세상을 위해서는 구체적인 행동으로 나서야 한다는 것을 실천으로 보여준 일이었다.

김남주의 열망이 이루어질 날은 그리 멀지 않았다. 1979년 가을 부산, 마산 일대에서 뜻있는 청년학도와 노동자 시민이 혼연일체가 되어 유신독재의 타도를 위한 봉기의 불꽃을 피워올린 것은 그 시초라 할 만하다. 하지만 국민 대다수의 열화와 같은 민주화 열망에도 불구하고 전두환을 비롯한 일단의 정치군인들이 감행한 12·12쿠데타로 인하여 민주화 일정은 큰 암초를 만나게 되었다. 5·18 광주민주화운동은 이 같은 소수 정치군인들의 야욕을 뿌리치고 민주 새벽을 열고 말겠다는 국민 의지의 표현이었다.

한낮의 금남로 탈환

5.18 광주민주화운동은 무엇보다 지식인이 아닌 기층 민중이 주도했다는 점에서 이채롭고 명예로운 혁명이었다. 무장한 계엄군과 시민 대중 사이에 벌어진 싸움의 승패는 어쩌면 뻔한 것이었

는지도 모른다. 5월 18일 당일 공수부대를 주축으로 한 계엄군은 시위 참가자는 물론이고 무고한 시민들마저 가리지 않고 곤봉과 총칼로 제압하는 과정에서 수많은 사상자를 낳았고, 수천 명의 시민들을 무차별 체포 구금하였다.

그 정도라면 이제 광주라는 인구 60만의 지방도시는 더 이상 군부의 총칼에 맞서 저항할 의지를 상실하고도 남았을 것이었다. 그러나 다음 날인 19일 시민들은 축축한 봄비를 맞으며, 억울하게 간 이웃과 동료들을 추모하며 하나둘 금남로에 모여들더니 마침내 수만의 시위 군중을 이루었다. 전날 피의 진압에 나섰던 7공수 여단 병력을 교체하여 투입된 광주 인근 31사단 병력은 강도가 누그러지기는 했지만, 금남로 일대에서 장갑차를 달리며 시위 군중을 위협했고 광주 시내가 훤히 보이는 도청 옥상에서 기관총을 난사하며 전남도청 500미터 이내로의 접근을 허용하지 않았다.

그런데 이런 국면을 타개한 것은 시민의 발이 되고 있던 버스와 택시 운전기사들이었다. 5월 19일 오후 들어 시위 군중과 계엄군 사이에 지리한 공방이 지속되던 상황에서 날아오는 총탄을 마다하지 않으며 이들이 차를 몰고 전남도청 쪽으로 돌진하였다. 수많은 차량들이 계엄군의 바리케이드를 돌파하여 쌓였고, 마침내 계엄군은 평범한 시민 시위대에 의하여 도청 일대에서 포위되었다.

계엄군의 무자비한 학살로 인한 시민들의 희생이 멈춘 것은 화순탄광 등지와 시내 파출소 무기고에서 탈취해온 카빈소총 등으로, 청년들이 한국은행 광주지점 등지에서 계엄군을 향해 응사하기 시작하면서부터였다. 계엄군은 수세에 몰렸고 마침내 그날 밤 조선대학교 뒷산을 넘어 후퇴하고 말았다. 이를 계기로 자발적인 시민군이 출범하였다. 노동자, 예비군 출신자, 의기에 넘친 20대 전후의 젊은이들이 주축이었다.

김남주 시인과 젊은 학도들이 경이의 눈으로 보던 파리 콤뮨이 불과 72시간으로 저문 데 비해 '광주 해방구'는 일주일이나 지속되었으니 뒷날 역사가들이 기록해야 할 일들도 적지 않을 것이다.

이처럼 광주 해방구는 기층 민중들이 중심이 되어 쟁취하였고, 자발적으로 결성된 시민군의 손으로 지켜졌다. 당시 광주는 외부로부터 모든 물자 반입이 차단된 상황이었지만 시민군은 부족함이 없었다. 이것이 가능했던 것은 와이더블유씨에이를 중심으로 시민들이 자발적으로 식량 등 물자를 조달했기 때문이다. 또한 부상자가 생기면 어느 병원에서건 무료로 치료해 주었으며, 적십자병원 등에는 부상당한 이들을 위해 자발적으로 헌혈을 하겠다는 젊은이들이 장사진을 이루었다. 투쟁의 거점인 전남도청 분수대 앞에는 양동시장 등 광주시내 시장상인들과 마을 부녀회에서 매일 가져오는 음식물들로 넘쳐나, 필자 등은 일주일 내내 집에 들어가지 못했지만 따뜻한 주먹밥을 먹을 수 있었다.

탱크 발 아래 맨몸으로 눕다

해방구 건설이 사나흘을 넘기면서 계엄군은 광주탈환을 시도하였다. 시민군 내에서도 이만큼 광주시민들의 의지를 만방에 알렸으면 되지 않았느냐는 의견도 있었지만, 민주화가 완성될 때까지 저항의 불길을 끌 수 없다는 의견이 더 많은 지지를 얻어 연일 시민 궐기대회가 잇따르고, 검거를 피해 피신했던 대학생들을 중심으로 한 지식인들도 속속 저항의 대열에 참가하였다.

이 같은 시민군의 동향을 파악한 계엄군은 25일 즈음부터 몇 차례 탱크로 담양과 화순 등 접경지역에서 광주로 진입하려는 시도를 거듭하였다. 계엄군의 무차별 진입 저지를 떠올리면 지금도 가슴이 뭉클하다. 광주 시민들은 대학교수, 종교인, 청년 운동가들을 중심으로 시민투쟁위원회를 구성하여 계엄군과 협상에 나섰다. 그런데 정작 계엄군은 광주 시민의 희생에 대한 사과나 민주화에 대한 약속은 한마디도 없이, 시민군의 무장 해제와 시위 군중들의 귀가만을 종용했고 협상 중에도 탱크를 앞세운 채 광주시내 진입을 시도하였다.

이런 계엄군의 무모한 도발을 저지한 것은 3·1운동 참가자이며 제헌국회의원이기도 했던 이성학 장로 등이었다. 특히 70대 중반의 고령이었던 이 선생은 화정동 고개를 넘으려는 탱크 앞에 위통을 벗고 맨몸으로 누워 '나를 밟고 지나가려면 가라'고 외침으로써 캐터필러를 멈추게 했다.

시민군들의 연일 피로에 지친 모습이 역력해지고
달리는 물자에 허덕이는 모습이 불거지자
계엄군은 독침을 숨긴 끄나풀을 도청에 잠입시키기도 하고
궐기대회 마당에 강아지들을 풀어
입 하나 뻥긋하는 사람들까지 카메라에 담아 두더니
25일경부터는 자동화기는 물론 탱크까지 앞세워
마치 백마고지라도 탈환할 때처럼 화정동으로 몰아쳤다
이대로 가슴을 떼어낸 원한으로 만나서는 안 된다고
이성학 장로와 김성용 신부 윤광장 선생들은
가슴속 말 털어내고 있는 시민들의 말 듣지 않는다면
당신들은 영원히 씻지 못할 죄를 짓는 것이라고
당신들에게 총을 쥐어준 주인들을 짓밟으려거든
우리들을 먼저 타넘고 가라고
절벽도 평지처럼 달린다는 탱크 발밑에 누워 버렸다
 - 박몽구 시 「남은 사람들 3 –이성학 장로님」 부분

　이성학 장로는 수배자의 신분이 되어 전국을 떠돌다가 폐렴
에 걸려 생을 마감했다. 모름지기 말과 행동이 한결같은 지식인
의 전범을 보여준 분이었다. 그분들이 계엄군의 탱크를 저지한
덕분에 시민대회가 연일 열릴 수 있었고, 외신기자들은 광주의
진실을 세계에 알릴 수 있었다.

시민군에 자원한 이팔청춘 처녀

시민군들에게 행정의 중심지인 전남도청을 내주고 철수한 계엄군은 무력에서 밀린 후퇴였다기보다 철통같이 단결된 시민의 힘에 눌려 물러난 셈이다. 그 같은 점은 시 외곽에 주둔하면서 무논을 매는 청년이나 마을 어귀에서 놀던 어린이들마저 시민군으로 오인하여 무차별 총격을 가해 살해한 데서도 잘 증명된다. 그들은 광주를 고립에 빠뜨려 고사하기를 기다렸던 것이다.

그러나 광주 시민들은 위대하였다. 초기에 계엄군의 전무후무한 만행에 놀라 시 외곽으로 빠져 나갔거나 검거를 피해 도피하였던 청년 학생, 지식인들이 속속 집결하여 시민군을 올바른 방향으로 리드하고 광주 상황을 지역을 넘어 삼천리 전역과 전 세계로 알리는 일에 주력하였다. 은행원 자리를 팽개치고 내려와 광천동 들불야학을 이끌다 시민군 타격대장으로 도청에서 옥쇄한 윤상원, 연극연출가로 시민군의 대변인을 맡았던 박효선 등 시민군 지도자들이 그들이다.

또한 초기부터 무기를 쥔 시민군들이 지쳐가자 새로운 시민군을 모집하는 안내 방송이 울려 퍼졌고, 수백 명의 젊은이들이 시민군에 지원하였다. 예비군 중대장 출신으로 어린 시민군의 총기 사용법을 직접 지도하며 시민군에 참여한 이도 있었고, 심지어 어린 남동생이 시민군에 참여하여 생사를 알 수 없게 되자 간호병이 되어 함께 싸우겠다며 참여한 젊은 여성도 있었다.

27일 새벽, 계엄군의 작전이 개시되었다. 차마 국민의 군대라거나 동족이라고는 볼 수 없이, 도청 벽을 온통 벌집으로 만드는 무차별 포화를 앞세워 재진입한 계엄군의 총칼 아래 광주민주화운동은 미완의 혁명으로 저물었다. 윤상원을 비롯한 수십 명 시민군들의 고귀한 목숨이 계엄군의 총격으로 끊어졌다. 그 동안 희생자는 200명이 훨씬 넘었다.

그러나 광주민주화운동은 수많은 민간인 희생자를 낸 비극적 사태를 넘어, 민주주의는 결코 총칼로 무너뜨릴 수 없는 것이며, 정의는 반드시 승리한다는 것을 보여준 산 역사이다. 역사의 와류에서 이를 회피하지 않고 온몸을 던져 맞선 것은 투사가 아니라 평범한 시민이었다는 것을 잊지 말아야 할 것이다.

5월이 돌아올 때마다 지금은 고인이 된 김남주 시인과 함께 읽은 《파리 콤뮨》의 감동도 되살아난다. 라일락처럼 연약한 팔을 가진 그가 오염된 정권의 비호 아래 쌓은 검은 돈을 찾아 장벽을 넘은 것을 생각하면 저절로 미소가 나온다. 왠지 저절로 쥐어지는 맨주먹이 뜨겁다.

"광주백서"의 역사적 의의와 과제

오세중

경희대학교 겸임교수. 변리사.

80년 5월의 봄과 광주민주항쟁

1980년 5월은, 박정희의 18년여에 걸친 장기집권과 유신독재체제가 78년 12월 총선에서 공화당이 득표율에서 야당인 신민당에 패배하고 YH노동자들의 신민당사 농성투쟁, 부마민주항쟁 등 점증하는 국민들의 저항과 민주화 요구 속에서 내부 분열로 붕괴한 후, 장기독재체제의 청산과 민주화에 대한 요구와 희망이 분출되던 시기였다. 5월 15일 서울역에서 100만 명에 이르는 대학생들과 시민들이 운집하여 비상계엄 해제와 민주정부 수립, 유신잔재의 청산 및 민주헌법 제정 등을 요구하면서 이러한 민주화요구는 절정에 이르렀다.

그러나 전두환을 중심으로 한 일부 신군부세력은 1979년의

12. 12. 군사반란 사태 이후 전두환의 보안사령관 취임과 함께 군사적인 물리력을 동원하여 불법적으로 정권을 장악하기 위한 계획을 구체화해 나갔다. 그리하여 학생들과 야당, 종교계, 노동자와 농민 등 각계의 민주화에 대한 요구와 기대에도 불구하고, 전두환 등은 대학생들의 5월 15일 대규모 민주화 시위와 비상계엄 해제 요구에 역행하여 오히려 5월 17일 비상계엄을 전국으로 확대하고 각 대학에 대한 군병력 진주, 야당과 각계 지도자들, 학생 지도자들의 체포, 수배 등의 철저한 무력진압으로 대응했다.

전두환 등이 무력동원과 유혈진압을 불사하면서까지 계획적, 불법적으로 정권을 장악하려 한 사실은 5월 18일부터 공수부대를 동원하여 진행된 광주에서의 유혈진압 외에도, 5.17. 비상계엄 확대와 함께 서울 등 전국의 각 대학에 특수부대인 공수부대 등을 진주하게 한 사실, 그리고 5월 18일 새벽 서울대 기숙사 등에 착검한 공수부대원들이 출동하여 속옷 차림의 학생들을 끌어내 무차별 구타, 폭행 등의 가혹행위를 자행하고 같은 날 저녁 서울 영등포 등의 시위 현장에도 총검과 함께 경찰봉보다 긴 진압봉으로 무장한 이들 공수부대 병력을 출동시키고 그 구호도 "작살!"이라고 외치면서 학생 등과 젊은이들을 군사작전을 벌이듯 체포, 연행한 사실 등에서도 확인된다.

당시, 학생 지도부 등은 오히려 5월 17일경에 비상계엄이 해제될 것으로 기대하고 있었으며, 서울 지역에서는 비상계엄이 확대되는 경우 영등포역 등에 집결하여 항의 시위를 전개한다는 계획을 세워두고 있었으나 많은 학생 지도자들이 체포, 연행되거나 수배되고 학교에는 휴교령이 내려진 상태에서 효과적으로 대응하지 못하고 있었다.

그러나 광주에서는 5월 18일 전남대 정문에서 500여 명의 학생들이 모여 "계엄군 물러가라", "전두환 물러가라"는 등의 구호를 외치면서 시위를 전개하자 공수부대가 대검까지 휘두르면서 유혈 진압하는 사태가 전개되었다. 이에 대응하여 학생들이 광주 시내로 진출하여 가두시위가 확산되자 제7 공수특전단 부대가 투입되어 무차별 유혈진압을 자행하였고, 공수부대의 무자비한 진압과 살육행위에 시민들이 격분하여 합세하면서 전면적인 민중항쟁으로 발전하게 되었다.

광주백서가 드러낸 진실, 역사적 역할과 의의

80년 5월 서울지역에 있던 학생운동의 지도부와 학생들은 5.17. 비상계엄 확대조치에 대한 대응과 시위 등을 추진하면서, 광주에서 계엄군이 유혈진압을 자행하여 다수의 사상자가 발생했고 진압방식도 상상을 초월하는 잔인한 살육전의 양상의 띠고 있다는 소식을 전해 듣고 경악과 전율을 금치 못했다. 그리고 학생운동 지도자들이나 학생들도 체포되면 고문이나 가혹행위 등으로 죽을 수도 있다는 것을 각오하고 스스로 마음의 준비를 해야 했다.

광주에서 학생들과 시민들이 공수부대 등의 무자비한 진압에 대응하여 고립무원의 상태에서 항거하고 있었음에도 불구하고, 전두환 등 신군부세력의 철저한 정보차단과 언론통제로 인하여 서울 등 타 지역에서는 공수부대 등의 잔인한 진압의 전모와 실상, 이에 항거하는 시민항쟁의 상황을 제대로 파악할 수 없었다. 필자 등을 포함하여 서울 등에서도 광주에서 전달받은 소식과 유인물 등을 토대로 '전국 민주시민에게 드리는 호소문' 등을 통해 전두환 등의 광주시민학살을 폭로하고 광주의 학생과 시민들을 지원하기 위한 노력 등이 이어졌으나 전체적인 진상이 구체적, 체계적으로 정리되어 알려지지 못하고 산발적으로 대응하는데 그쳤을 뿐이었다.

그리고 80년 가을 이후 겨울에 이르기까지는 학생운동이나 종교, 사회단체 등 재야운동도 대부분의 활동가나 지도자들이 체포, 구속되거나 전두환 등의 강력한 탄압과 감시 그리고 살벌한 언론통제 속에서 긴 침체기를 겪었고, 81년부터 학생운동을 비롯하여 청년, 노동, 종교 운동 등 민주세력이 다시 전열을 정비하면서 재기를 위한 노력을 기울였으나 우리나라 민주주의의 중요한 분수령이 된 광주민주항쟁의 진상은 아직도 제대로 알려지지 못하고 있었다.

이러한 상황에서 80년 겨울부터 광주지역에서는 소준섭과 조봉훈 등 여러 사람들의 노력으로 광주항쟁의 기록이 비로소 세세하게 정리되었고, 82년 초에 비공개 유인물의 형태로 제작되어 배포되게 되었다.

이러한 "광주백서"는 우리의 민주주의의 역사에서 다음과 같은 정치적, 역사적 의의를 갖고 있다고 할 수 있다.

첫째, 광주민주항쟁의 진실을 최초로 체계적으로 정리한 르포형식의 기록으로서 광주에서의 전두환 등의 반인륜적 범죄행위와 폭력성을 구체적으로 알리는데 크게 기여했다. 날짜별로 광주민주항쟁 참여자들의 구체적인 증언과 기록, 언론보도 등의 사실관계를 토대로 르포형식으로 기록된 "광주백서"는 당시 학생들과 각계각층에 배포되어 읽히면서 광주의 진상을 상세하게 알리는 중요한 자료가 되었다.

진실은 있는 그대로 '드러냄(disclosure=폭로)'으로써 힘을 발휘한다. "광주백서"는 지금 읽어봐도 설마 사람으로서, 그리고 국민을 지키는 임무를 부여받은 군대가 이럴 수가 있을까 하고 쉽게 납득이 가지 않고 몸서리가 쳐질 정도이다. 광주에서의 반인륜적 범죄행위는 전두환 정권과 그 지지 세력의 정통성에 두고 두고 치명적인 약점이 되었다.

둘째, 광주민주항쟁을 최초로 체계적으로 정리한 광주백서는 광주민주항쟁의 발단과 시민과 노동자 등의 합세, 전두환 등 신군부세력의 폭력과 살육행위에 맞서 저항권을 발동한 시민, 학생들의 대응과 조직화, 각 지역으로의 확산, 시민들의 자발적인 참여와 수준 높은 시민의식, 도덕성에 기초한 상호협력과 질서

유지, 그리고 진압과정에서의 항쟁 지도자들 및 참여자들의 최후의 저항 등의 과정을 상세히 기록하여 알림으로써 이후 우리 나라의 민주주의를 향한 노력에 중요한 정신적, 역사적 토대를 제공하고 자산으로 만드는데 기여했다.

셋째, 또한 "광주백서"는 광주민주항쟁의 진실을 널리 알림으로써 광주민주항쟁에서 수많은 희생자들이 피를 흘리며 얻은 교훈과 성과가 광주에 고립되지 않고 전국으로 확산되도록 하는데 기여했다. 광주민주항쟁은 단순히 광주에 고립된 항쟁이 아니라 80년 이후 전두환 등 독재세력에 항거하는 우리 나라의 민주주의 운동의 정점이었다고 할 수 있다.

넷째, "광주백서"는 광주민주항쟁 과정에서의 미국의 군부대 동원 승인과 탄압 지원 사실을 폭로함으로써 당시 학생들과 각계의 민주운동 세력이 갖고 있던 막연한 기대감과 외세의존적 사고를 깨고 독립적이고 자주적인 사고와 방향성을 정립하게 하는데 기여했다.

진실을 보는 용기와 헌법 정신으로의 계승

그러나 "광주백서"와 그 이후의 광주의 진실을 밝히기 위한 수많은 노력에도 불구하고, '광주'의 진실은 아직도 그 전모가 밝혀지지 못하고 있다. 광주에서의 시민들에 대한 '발포책임자'와 '헬기 기총소사' 등의 규명, '암매장된 행방불명자'의 추적과 발굴

등이 아직 모두 이루어지지 못하고 있다.

다른 한편에선, 이미 분명하게 밝혀진 광주의 진실을 왜곡, 부정하고 광주민주항쟁의 의의와 희생자들의 정신을 훼손, 모욕하려는 시도들도 계속되고 있다. 그러나 진실은 이를 직시하는 데도 진정한 용기가 필요하다. 명백한 진실을 왜곡하고 이를 합리화하려는 시도는 진실로부터 도피하고 이를 외면하고자 하는 비겁한 행동에 다름 아니다. 그리고 전두환 등의 광주에서의 시민학살과 살육행위를 정당화하거나 광주의 정신과 희생자들을 모독하는 행위는 반인륜적 범죄행위를 옹호하는 행위에 다름 아니며, 이를 규율하기 위한 사회적 합의와 함께 공공질서에 대한 범죄라는 차원의 접근과 유럽연합과 독일의 '부인(否認)금지법' 등의 입법례를 참고한 입법적 노력이 필요하다. 나아가, 5.18. 광주민주항쟁의 정신을 4.19. 혁명과 함께 새롭게 개정될 헌법 전문에 명기함으로써 민주공화국인 대한민국의 불멸의 정신적 토대로 자리잡도록 하여 광주민주항쟁의 정신을 왜곡, 폄훼하려는 모든 시도들에 종지부를 찍을 필요가 있다.

그리고 광주의 진상규명과 정신의 계승은 그 진실을 올바로 기록하고 알리기 위한 노력에서부터 시작되어야 한다. "광주백서"의 정식 출간이 이러한 노력의 출발점이 되기를 바란다.

우리들의 80년대

민종덕

전 전태일기념사업회 상임이사, 청계피복노동조합 위원장. 현 지리산 사람들 대표.

1979년 10.26사태로 인해 박정희의 죽음과 함께 유신정권은 막을 내렸다. 80년대가 열리면서 그 동안 억눌렸던 민주화의 열망은 폭발적으로 분출되었다. 그러나 신군부는 새로운 군부독재정권을 세우기 위한 음모를 진행해나갔고, 이에 저항하여 민주화를 이루고자 하는 학생 재야 노동자 농민들의 투쟁이 80년대 봄 내내 이어졌다. 그러자 전두환 신군부는 80년 5.17일 비상계엄을 전국적으로 확대하면서 폭력으로 탄압하였다. 투쟁의 열기는 주춤했지만 광주에서만은 투쟁의 열기가 꺾이지 않고 계속되었다. 전두환 신군부는 광주시민을 살육하면서 투쟁의 열기를 짓밟았지만 이에 굴하지 않고 투쟁은 더욱더 확산되어갔고 마침내 계엄군에 맞서 무장투쟁에까지 이르게 되었다. 전두환 신군부는 광주를 철저하게 고립시켜 광주의 처참한 소식을 광주 외곽으로 퍼지지 않게 했다.

그러나 80년 5월 광주에서 일어나고 있는 항쟁은 소문이나 전화, 목격자 등에 의해 단편적으로 알려 졌고 민주화 세력은 분노, 애통함 그리고 고립되어 싸우고 있는 광주의 항쟁을 서울이나 다른 도시에서 받아서 전국으로 확산시키지 못하는 것에 대한 안타까움과 미안함이 엄습했다. 학생들이나 재야인사들이 광주의 현 상황을 알리면서 기습적인 데모를 여러 번 시도를 했지만 번번이 초동에 진압되고 말았다.

광주 항쟁을 유린한 전두환 일당은 반정부 인사와 단체를 대대적으로 탄압하기 시작했다. 그 일환으로 당시 자주적인 민주노조를 파괴하기 시작했다. 내가 속한 청계피복노조에도 신군부가 뻗친 마수의 손길이 닥쳐왔다. 80년 12월 계엄사 합수부에서 우리 청계피복노조 간부들을 연행해 헌병대로 끌고 갔다. 계엄사 합수부에서 우리에게 온갖 협박과 폭력을 가하면서 노조 활동에 대한 조사를 했다. 이어 그들은 청계피복노조를 자신들의 손으로 없애겠다고 공언을 했다. 청계피복노조는 1970년 전태일의 죽음으로 만들어진 노동조합이다. 이런 노조를 군홧발로 짓밟겠다는 것이다.

아니나 다를까 그들은 우리를 계엄사 합수부에서 내보내면서 청계노조를 강제 폐쇄시켰다. 그들은 노조 회계장부, 조합원 명부 등을 강탈해 가고 동시에 노조사무실 문에 대못을 박고 경찰을 동원해 사무실 주변을 에워싸고 출입을 막았다.

나는 이때 노조 사무실에서 타자기와 등사기를 미리 챙겨 나왔다. 신군부와 맞서 싸우기 위해서는 내가 가질 수 있는 무기는 이것밖에 달리 없었기 때문이다. 우리는 이 타자기와 등사기를 이용해 전두환 신군부의 청계노조 파괴의 불법, 부당한 폭력성을 알리고, 노동자의 기본권인 노조를 일개 군인이 파괴하는 이 기막힌 상황을 알렸다. 우리가 당시 상황에서 효과적으로 우리의 입장을 알리기 위해서는 유관 외국인 사무실에서 농성을 해야 경찰이 외국인을 함부로 다룰 수 없어 조금이라도 시간을 더 벌 수 있고, 아울러 외신에 알려질 수 있을 것이라고 판단했다. 우리는 81년 1월 '아프리'(AAFLI, 아시아 아메리카 자유노동기구) 사무실에서 농성을 했다. 이 사건으로 나는 전국에 지명수배를 당하게 되었다.

도망자 신세가 된 나는 몇 군데를 전전하다가 마침내 인천 구월동 주공아파트에 안착(?)하게 되었다. 그곳은 이미 수배자들이 모여 살고 있었다. 박우섭, 문국주, 이범영, 소준섭 등이 갖가지 시국 사건에 연루되어 도망자가 되어 한군데 모여 살고 있었는데 거기에 나도 합류하게 된 것이다. 수배자는 아니지만 당시 돌베개 출판사 편집장인 박승옥도 함께 생활을 하고 있었고, 같은 아파트 단지 내 옆 동에는 김근태 선배가 살고 있었다. 여기 구월동 주공아파트에 수배자들이 득실(?)거리게 된 것은 서울 압구정동에서 풀무원을 막 시작한 신동수 선배께서 물심양면으로 도움이 있었기 때문이다. 우리는 서울로 나오게 되면 압구정동

풀무원 가게를 근거지로 해서 움직이게 되었고, 그 가게에서 팔다 남은 재고를 가져와 식생활을 해결하기도 했다.

구월동의 수배자들은 비록 수배자 신분이지만 주어진 조건에서 전두환 군부독재와 투쟁할 수 있는 것들을 찾아 저마다 열심히 했다. 그리고 함께 할 수 있는 것들은 함께 힘을 합해 했다. 특히 당시 우리가 가장 먼저 해야 할 일은 광주항쟁의 진실을 알리는 일이었다. 마침 소준섭이 80년말에 광주에 내려가 광주 사람들의 도움을 받아 항쟁의 전모를 정리하고 기록해 놓은 소책자가 있었기 때문에 우리는 이 책자를 세상에 알리기로 하였다. 훗날 〈광주백서〉라 불리는 책자다.

그런데 당시 상황에서 공식적인 책으로 출판하는 것은 불가능했기 때문에 이것을 등사 프린트해서 뿌리기로 하였다. 이 작업을 할 때 나는 타이핑을 전담했다. 나는 청계천에서 노동운동을 하면서 다섯 손가락으로 타자치는 것을 스스로 익혔다. 그 이유는 타이핑을 할 때 남한테 맡기지 않고 은밀하게 해야 할 경우가 많을 것이기 때문에 독수리 타법이 아닌 다섯 손가락을 다 사용하는 타법을 익히게 된 것이다. 바로 이런 상황에서 유용하게 써먹기 위한 것이다. 그 뒤 이 구월동 아파트에서 나온 〈학생운동의 전망〉 등 여러 문건도 타이핑은 내 몫이었다.

우리는 타이핑을 끝낸 〈광주백서〉를 정보 당국에 발각되지 않도록 세심하게 신경 써서 등사했다. 종이에 지문이 묻지 않게 하기 위해 병원 의사들이 사용하는 고무장갑을 끼고 작업을 했다.

작은 책자로 만들어진 이 〈광주백서〉를 요소요소에 배포하기 위해서 소준섭은 광주 현지로 내려가 은밀하게 배포했다. 또 광주 현지에서 제작하고 발신한 것처럼 보이기 위해서 광주의 우체국에서 재야 주요 인사들한테 발송하기도 했다.

당시 우리는 광주의 진실을 알리기 위해서는 자신의 능력이 닿는 만큼 무엇이라도 해야 한다는 생각뿐이었다. 그것이 살아남은 자들의 최소한의 도리이며, 인간으로서의 예의라고 생각했다.

그렇다면 37년이 지난 오늘, 광주민중항쟁의 진실이 온전히 밝혀졌는가? 그동안 6·10항쟁을 거쳐 민주정부가 집권을 했고, 최근에는 촛불혁명으로 새 정부가 들어섰다. 그러나 아직도 광주민중항쟁의 진실은 밝혀지지 않고 있다. 그 많은 광주시민이 처참하게 죽임을 당했음에도 발포명령자도 밝혀지지 않았을 뿐만 아니라 오히려 학살의 원흉 전두환은 자서전을 발간하면서 광주의 진실을 왜곡하고 민주 영령들을 능멸하고 있다. 뿐만 아니라 아직도 버젓이 살아서 행세하는 전두환 일당들은 광주민중항쟁을 조롱하고 있다. 이런 통탄할 역사의 퇴행은 우리의 투쟁이 철저하지 못했다는 것이고, 우리의 민주주의는 아직도 멀었다는 것을 말한다. 보다 더 철저한 투쟁으로 민주주의를 완성함으로써 광주의 진실을 명명백백하게 밝히고 전두환과 그 일당들을 처단함으로써 정의를 세우고 민족정기를 바로 잡아야 할 것이다.

이러한 중차대한 책무가 다름 아닌 살아남은 우리에게 있다.

오늘 〈광주백서〉를 출판하는 것은 우리에게 주어진 그 책무를
다하기 위한 출발과 다짐의 뜻이라고 나는 생각한다.

나의 광주백서 비망록

곽욱탁

외대 80학번, 현 감정평가사.

작성 배경

이미 오래 지난 일이라 까맣게 잊고 있었으나, 최근 우연히 "광주백서"와 관련하여 약간의 말들이 오간다는 소식을 전해 듣고 이와 관련하여 본인이 직접 연관된 일에 대하여 적어두고자 한다.

    당시에는 이와 관련한 일에 연루된다는 것은 상당한 위험을 감수한다는 의미여서 아예 기억에서 지워버렸지만, 이제 와서 이를 기록해두고자 하는 이유는 후일 당시의 시대적 상황에 대해 분명한 묘사가 필요할 것이고 또 이러한 기억을 필요로 하는 사람이 있을 것 같아 더 늦기 전에 사실만이라도 정리하려는 것이다.

관련 사건 개요

1982년 4월경, 소준섭 학형(외대78, 당시 도피 중)으로부터, "광주백서" 원본을 전달받아, 유병수 군(대광고 34회, 본인의 문학반 2년 후배)에게 부탁하여 그의 집(아버지가 문구점과 복사점을 겸하고 있었다)에서 약 20부 내외의 사본을 제작한 다음, 원본은 소각하고 사본만을 다시 소준섭 학형에게 전달하였다.

사건 상술

가. 본인의 상황

1980년 대광고(32회)를 졸업하고 외국어대학에 진학한 때는 이른바 "서울의 봄" 시기로서 각 대학의 민주화 투쟁과 광주민주화운동이 있은 후, 대부분의 학생운동세력이 권력의 탄압을 피하기 위하여 은밀하게 활동하던 시기로 접어들었던 때다.

본인 역시 당시 비합법화된 학회의 동료들과 비밀리에 학습모임에 참가하고 있었으며, 1981년은 전민노련, 전민학련 사건으로 선배들이 구속되는 등 어수선하고 불안한 한 해를 보냈다.

본인은 3학년이 되던 1982년 봄(4월경으로 추정), 당시 수배 중이던 소준섭 학형의 연락으로 "광주백서"의 복사본을 제작한 일이 있으며, 2학기에는 10월경 학내 동료들과 반정부 시위를 주도한 혐의로 구속되어 다음 해 1983년 8월 특사로 출소하였다.

나. 소준섭 학형(외대78)을 만나게 된 경위

당시 계엄포고령 위반으로 전국 지명 수배 중이던 소준섭 학형은 경찰이나 보안사 등에서 눈에 불을 켜고 찾고 있던 터라 쉽게 만날 수가 없었으나, 1982년 봄 학내 모 동료를 통하여 소 학형의 연락을 받았으며, 약속에 맞추어 대방역 인근으로 갔다가 다시 신길동 우신국교 쪽으로 이동하여 다방에서 소준섭 학형을 거의 1년여 만에 학교 밖에서 만났다.

다. "광주백서"의 모습

소 학형으로부터 복사를 부탁 받은 "광주백서" 원본은 당시 검은 글씨로 타이핑된 B5(당시에는 거의 B5와 A4용지를 혼용하였는데, 이 문서는 B5로 기억한다) 용지 16~20 매 내외로 단면에 인쇄된 문서였다.

　내용은 이후 각 대학에 흐릿한 복사본으로 돌아다니던 "광주백서" 문서와 정확히 일치하였으나, 본인은 수배자 신분인 소준섭 학형에게 직접 받았기 때문에 "광주백서"와 관련된 일은 무조건 모른 척하고 지냈다.

라. 복사본의 제작 경위

원본을 전달 받은 본인은 이것이 지닌 위험성 때문에 아무에게 나 부탁할 수가 없어서, 부득이 당시 재수 중이던 유병수(대광고 34회, 문학반과 토론서클 2년 후배로서 나를 상당히 믿고 따랐다) 군에게 마 침 집이 복사점을 하고 있으니 좀 복사해달라고 간곡히 부탁하 였다.

본인의 부탁을 받은 유병수 군은 낮에는 아버지의 눈이 있어 서, 일부러 밤늦게 복사를 하다가 아버지에게 들켜 흠씬 매를 맞 았다고 전해 들었다. 그러나 그 후배는 어쨌든 간신히 복사물을 약 20부 제작하여 본인에게 건네 주었다.

유병수 군은 이후 대학 졸업 후 인쇄업에 매진하였으나 사업의 어려움으로 접은 다음 현재 해외로 이민하였다고 전해 들었다.

마. 복사본의 전달

당시 "광주백서" 원본을 가지고 있다는 것은 매우 위험했기 때 문에 즉시 소각하고, 복사본만 다시 소 학형에게 전달하였다. 이 후 배포 경위는 잘 알지 못하나, 학교마다 복사본이 유통되고 있 어서 일단 모른 척하였다.

마무리

이와 관련한 기억 중 시기적인 것은 다소 혼선이 있을 수 있으나, 위에 본인이 적시한 "광주백서" 원본의 사본화 과정은 틀림없는 사실이다. 당시의 상황에서 이 복사본의 유통과 배포가 광주에 대한 진실을 알리고 관심을 환기시키는 데에 크게 기여한 것은 부정할 수 없다.

다만 본인이 소각한 원본이 유일본이었는지, 실제 작성자가 소준섭 학형인지 여부는 본인이 확인할 수 없다.

5·18민주화운동의 왜곡과 '기억의 형법'[1]

박학모

한국형사정책연구원 연구위원.

문제의 제기: 기억의 정치와 형법

강산이 세 번이 바뀌고 다시 절반의 고개를 넘는 사이 5·18 민주화운동은 그 기록물이 유네스코(UNESCO) '세계기록유산'으로 등재되는 등 그 가치의 세계적 중요성과 고유성·대체불가능성을 인정받고 있다.[2] 5·18 민주화운동은 80년대 한국 민주화에

---

1   이 글은 '518민주화운동 35주년 기념 학술토론회'(2015년 5월 16일, 518기념재단 주최)에서 발표한 필자의 발표문 "기억과 왜곡 사이의 5·18 – '기억의 형법'을 위한 시론"을 요약·정리한 것이다.

2   『세계기록유산 등재기준』세 번째 기준에 따르면 5가지 요소(시간, 장소, 사람, 대상·주제 또는 형태·스타일) 가운데 반드시 한 가지 이상에서 유산이 세계적 관점에서 지니는 중요성을 증명할 수 있을 것을 요구한다(http://heritage.unesco.or.kr/mow/mow_reg/).

중추적인 역할을 하였을 뿐 아니라 동아시아의 다른 국가들에도 영향을 미쳐 "5·18 민주화운동 후에 이루어진 한국의 인권 성장은 아시아 인권운동의 모범"이라거나 "(동아시아) 인권투쟁에서 영감의 원천"이라는 국제적 평가를 받고 있으며,[3] 국내적으로는 변혁운동이 전면적으로 승리할 수 있다는 확신을 부여하고 승리의 방법을 제시하여 87년 6월항쟁의 전국적 전개를 가능하게 한 원동력으로 평가된다.[4] 다시 말해서 한국 민주주의와 인권 발전의 전환점이 되었다.

이러한 5·18 민주화운동이 빚어낸 한국 민주주의의 신기원의 역사는 값없이 쓰인 것이 아니다. 김준태 시인은 그의 시 '아아 광주여, 우리나라의 십자가여'에서 이 나라의 (민주의) 십자가를 짊어진 골고다 언덕이기를 자처한 5월 광주의 상처와 죽음의 피값으로 이 나라 민주화의 역사가 쓰였음을 노래한다.[5] 하지만 이 시에는 다음과 같은 시인의 탄식도 들어있다. "그리고 그리고 그리고 / 아아 우리들의 피와 살덩이를 / 삼키고 불어오는

---

3 유네스코 한국위원회 홈페이지 『1980년 인권기록유산 5·18 광주 민주화운동 기록물(2011)』의 본문 참조(http://heritage.unesco.or.kr/mow/mow_ko/).

4 이해찬·유시민 외, 기억하는 자의 광주, 개정증보판, 돌베개, 2010, 482쪽 이하 참조.

5 "항쟁 10일 동안 광주와 주변 지역에서 165명의 시민이 사망하였다. 76명이 실종되었고, 3,383명이 부상당하였으며, 1,476명이 체포되는 등 총 5,100명이 연루되었다. 뿐만 아니라 102명은 포위 당시 입은 부상 후유증으로 사망하였다."(앞의 유네스코 한국위원회 홈페이지 참조)

바람이여 / 속절없는 세월의 흐름이여." 37년의 세월을 뒤로 하고 읽는 이 시가 마치 멈춰진 세월을 앞에 두고 들려오는 것처럼, 아니 37년을 그렇게 속절없이 불어온 바람처럼 느껴지는 것은 필자만의 안타까움일까?

"아아 살아남은 사람들은 / 모두가 죄인처럼 고개를 숙이고 있구나." 이는 항쟁의 현장 광주의 동시대 시민들에게 숙명이 된 탄식이 아닐까. 고3 때 광주민주항쟁을 몸소 겪은 강용주 광주 트라우마센터장은 2012년 현재의 시점에서 이러한 심정을 다음과 같이 표현한 바 있다. "광주항쟁을 겪은 그 순간 '내 영혼에 금이 가버렸구나…'라는 것을 느꼈다. 18살짜리 고3이 그 이후의 생을 살아가기는 너무나 힘들었다. 30년이 지난 지금도 나는 내 영혼이 쩽하고 금가는 소리를 들은 그때에 갇혀 살고 있다. 그러면서 한편으로는 '더 이상 이렇게 안 살았으면 좋겠다'고 생각한다. 하지만 세월이 흐른다고 해도 그때로부터 자유롭지는 않을 거라는 생각이 든다."[6]

여기서 우리는 37년 전 사건이요 항쟁이요 운동으로서의 5·18, 그리고 시간과 기억의 문제와 마주하게 된다. 김준태 시인의 시를 좀 더 읽어보자. "아아, 광주여 무등산이여 / 죽음과 죽음을 뚫고 나가 / 백의의 옷자락을 펄럭이는 / 우리들의 영원한 청춘의 도시여 / 불사조여 불사조여 불사조여 / 이 나라의 십자가를 짊어지고 / 골고다 언덕을 다시 넘어오는 / 이 나라의 하느님 아들이여 (…) 광주여 무등산이여 / 아아, 우리들의 영원한 깃발이여 / 꿈이여 십자가여 세월이 흐르면 흐를수록 더욱 젊어 갈 청춘의 도시여."

"죽음을 넘어 불사조와 같이 우리들의 영원한 깃발이며 꿈이며 십자가로서 세월과 함께 더욱 젊어가는 청춘으로서의 광주와 5·18"의 기억을 하나의 이상으로 상정할 수 있다면, 영혼의 커다란 금과 같이 지울 수 없는 악몽 같은 기억으로 여전히 남아 있는 피해자의 현실은 '치유와 회복의 정의'의 실현 과정 내지 그 중단·지연을 의미한다.

"5·18 민주화운동"이라는 평가가 관철된 것만 보더라도 우리나라의 다른 과거사 처리사례에 비하여 5·18 과거청산작업은 유례없이 성공적인 "모범"사례로서의 측면이 분명 존재한다. 하지만 이른바 "광주의 방식"으로 지칭되며 제기되는 비판점들은 오늘 현재 "5·18"이 처해 있는 기억의 위기와도 무관하지 않다 할 것이며, 이 점은 관계 당사자들도 자기비판적으로 유념할 필요가 있다. 수백 명의 사상자를 포함하여 수천 명에 이르는 시민의 희생의 대가로 한국 민주화의 역사를 쓴 5·18 민주화운동이 한 때는 국민의 것으로 확장되었다가 항쟁정신의 박제화과정에서 광주사람들만의 것으로 위축되어 급기야 누구의 것인지조차 모르는 상황에 이르렀고 한국 민주개혁의 상징에 상응하는 정도로 한국의 지속적인 사회민주화에 기여하지는 못하였다는 지적은 참으로 뼈아프게 받아들여야 할 부분이라 생각한다.[7] 그러나 이러한 패착에 대한 질책은 "죄인처럼 살아남은 자들"에 대한 종교적 수준의 책임추궁일 수는 없으며, 항쟁기록의 '세계유산화'에 앞서 이루어졌어야 할 항쟁정신의 국민적 공유와 '국가유산화'를 위한 성찰과 책임, 그리고 역량의 강화를 바라는 촉구로 받아들여야 할 것이다.

정작 더 큰 문제는 이러한 "속절없는 세월"이 허용되는 시간들 속에서 5·18민주화운동에 대한 기억의 왜곡이 매우 악의적이고 체계적으로 진행되어 왔다는 점이다. 5·18민주화운동왜곡의 기원을 연구한 오승용 교수는 5·18민주화운동에 대한 왜곡이 심화되는 현 상황을 매우 복잡하고 위험하면서도 난해한 상황, 다시 말해서 "복잡·위험·난해"라는 세 단어로 함축하여 스케치하고 있다.[8] 여기에 또 하나의 수식어를 더하자면 "아이러니와 역설"이 아닐까 생각한다. 5·18 민주화운동으로 그 전환기를 맞은 우리나라 민주주의의 꽃 '표현의 자유', '언론의 자유'가 5·18 왜곡과 파괴를 향해 있고 이것이 용납되고 있는 상황은 가히 한국 민주주의가 마주하고 있는 아이러니와 역설을 넘는 언어도단의 현주소라 할 것이다.

---

7   이에 대해 자세한 것은 이재승, 국가범죄, 도서출판 엘피, 2010, 592쪽 이하 참조.

8   이에 대해 자세한 것은 오승용, 5·18민주화운동 왜곡의 기원과 쟁점, 5·18민주화운동 33주년 기념 학술토론회, 2013, 3쪽 이하 참조.

앤서니 켐프는 과거를 짐으로 바라보는 문화는 역사를 단절과 망각과 경멸로 대하기 때문에 반역사적이며, 결국 역사의 비인간화와 기억을 왜곡하는 결과를 낳는다고 한다. 반면 역사를 사회적 기억으로 유지하는 문화에서 역사는 사회적 기억의 논리적 귀결을 최대한 따르게 하는 기능을 한다.[9]

제노사이드 연구자 허버트 허시에 따르면, 역사와 시간을 대하는 단절적 패러다임만이 기억을 조작하는 것이 아니다. 기억은 무엇보다 정치권력에 기여하도록 조작되며, 기억을 조작하는 능력은 그 자체로 권력의 수단이 된다.[10] 그가 대표적 사례로서 논증한 나치의 유대인 학살, 홀로코스트는 기억의 조작을 통한 정치적 사회화 과정을 통해 준비되고 완성되었다. 로저 스미스는 심지어 그에 앞서 1915-17년에 발생한 아르메니아인에 대한 제노사이드(genocide)[11] 과정과 그에 대한 세계의 무관심이 홀로코스트 가해자들에게는 홀로코스트를 위한 학습모델이 되었다고 본다. 제노사이드를 저지르더라도 처벌받지 않을 것이고, 부정하기만 하면 자신들의 범죄에 대한 기억도 지울 수 있다고 생각하였다는 것이다.[12] 뉘른베르크 법정의 미국측 수석검사였

---

9   허버트 허시/강성현(역), 제노사이드와 기억의 정치, 책세상, 2009, 47쪽 이하에서 재인용.
10   허시, 앞의 책, 49쪽 이하.
11   어느 특정한 종족이나 종교적 집단을 완전히 없앨 목적으로 그 구성원을 살해하거나 신체적 · 정신적 박해 등을 행하는 것을 지칭한다.
12   허시, 앞의 책, 131쪽에서 재인용.

던 텔퍼드 테일러는 미국의 베트남전 실패의 원인을 다음과 같이 설파한 바 있다. "우리는 우리가 뉘른베르크에서 가르쳐야 하는 교훈을 배우는데 실패했다. 그리고 그 실패는 오늘날의 미국의 비극이다."[13]

"기억하지 않는 자에게 승화시켜야 할 유산은 존재하지 않는다."[14]는 것은 자명한 역사의 교훈이며, 사물의 본성과도 같은 것이다. 이와 동전의 양면과도 같은 관계에 있는 것이 기억의 왜곡이라 할 수 있다. 그 기억의 왜곡이 개별적 범죄가 아닌 제노사이드와 같은 국가범죄에 관한 기억에 관계된 사안이라면 이는 차원을 달리하는 문제임을 보게 된다.

그렇다면 특히 국가범죄로서 제노사이드 그 자체가 아니라 그 범죄의 기억에 관하여 형법이 무엇을 얼마나 할 수 있을 것인가? 우리가 "국법"이라는 표현을 사용하듯이 형법이란 국가형법이다. 어떤 행위를 범죄로 규정하고 이에 대해 일정한 형벌을 법정하여 부과하는 것은 국가공권력의 행사이며, 국가공권력에 의한 강제력의 행사 가운데 개인의 인격권에 대한 가장 강력한 개입 수단이 형벌로 통칭되는 형사제재이다. 이것이 형법은 법치국가 '최후의 수단'이라 칭하는 이유이기도 하다(이른바 '형법의 보

13   Telford Taylor, Nuremberg and Vietnam: An American Tragedy, 1970, 207쪽(허시, 앞의 책, 125쪽에서 재인용).

14   이해찬·유시민 외, 앞의 책, 487쪽.

충성').[15]

다시 말해서 어떠한 행위를 범죄화하고 처벌하는 방식으로 형법을 사회통제에 투입하는 경우 보다 엄격한 정당화가 이루어져야 한다는 것이다. 시민의 생명, 자유, 재산, 명예와 같은 법적 이익, 즉 '법익'의 보호를 위해 범죄자 또는 잠재적 범죄자의 법익(생명형으로서의 사형, 자유형으로서의 징역, 재산형으로서의 벌금 등)에 개입하는 형사제재는 리스트가 표현한 대로 '법익의 침해를 통한 법익의 보호'에 기여하는 사회통제수단이다. '보호법익'의 실체가 없거나, 설사 있다하더라도 균형을 잃은 형법의 투입은 정당한 형벌'권력'을 넘어 자의적인 형벌'폭력'으로 전락하고 만다.[16] 이처럼 권력과 폭력 사이를 넘나드는 양날의 칼과 같은 형법의 속성이 법치국가형법의 "형법소극주의"의 편에 서있는 것도 사실이다.

하지만 국가범죄로서 제노사이드에 대한 기억의 문제는 모든 과정에서 당사자적 지위에 있는 국가가 관여된 국가적 사안

15   이른바 후기 현대사회의 위험관리와 관련하여 제기되는 '위험형법론'에서는 구체적 '법익' 보호를 지향하는 형법의 보충성(최후수단성)이 다투어지기도 한다. 후기현대사회에 대두된 위험과 결부된 '행태'에 대해서는 예방적 차원에서 형법을 선제적으로 투입할 필요가 있다는 것인데, 아직 법치국가 형법의 패러다임을 바꿀만한 의미를 부여받지는 못하고 있다.

16   민주화과정은 곧 국가폭력을 제어하기 위한 투쟁의 과정이었으며, 우리 현실에서 이것이 여전히 완성되지 않은 프로젝트라는 점은 '국가보안법'의 존재가 아주 상징적으로 대변하고 있다.

임에 틀림없다. 앞에서 언급된 바와 같이 독일의 "홀로코스트"는 국가적으로 왜곡된 기억의 정치로부터 비롯된 역사적 비극이자 야만이었다. 이러한 역사적 교훈은 올바른 기억의 정치와 기억의 법을 위한 책무로부터 국가가 손을 뗄 문제가 아님을 역설한다. 현대 법치국가에서 정치와 법은 불가분의 관계에 있다. 법은 한편으로는 정치의 산물이지만, 일단 형성된 법은 다시 정치와 정책을 구속한다. 따라서 기억의 정치가 빚어내는 형사정책적 귀결에 대하여 묻고, 나아가 그 형사정책을 어떻게 형법의 틀속에서 구현할 것인지에 대해 숙고하고 성찰하는 것 역시 법치국가적 요청이라 할 수 있다. 비록 시론적이지만 이러한 성찰을 시도하며 "기억의 형법"의 가능성과 과제에 대해 탐색해 보고자한다. 이를 위해 먼저 독일과 프랑스를 비롯한 유럽 국가들의 이른바 "부인주의"에 대응하는 형사정책적 노력을 살펴보며 시사점을 찾고자 한다.

유럽의 기억정책과 "부인 금지법"

가. "기억과의 전쟁"으로서 부인주의범죄

이른바 '부인주의'(Negationism, Négationnisme, Negationismus)는 "역사적 사실의 공개적 부인"을 의미하는 신조어로 일반적으로 "집단살해의 부인"을 의미하는 개념이며, 역사학의 '수정주의'와

차별화하기 위하여 채용된 개념이다. 대외적으로 역사가인양 학문과 연구를 표방하지만 실제로는 나치이데올로기의 복원을 정치적 목표로 지향하는 "사이비 수정주의자"들의 실체가 '부인주의'라는 것이다.[17] 하지만 부인주의가 전후에 등장해서 이 개념이 생긴 것은 아니며, 부인주의의 원조는 홀로코스트 범죄자인 나치였다. 부인주의는 홀로코스트정책, 즉 유대말살정책에 내재된 본질적 구성요소였으며, 홀로코스트가 진행되는 과정에서 철저히 비밀을 유지하며 범죄의 증거를 제거하는 방식으로 이루어졌다. 그 완성은 범죄의 기억, 그 자체를 제거하는 것이었다. 이러한 "기억과의 전쟁"(기억말살전)[18]의 차원에서 나치는 홀로코스트 과정의 의사소통에서 이를 미화하는 은어를 사용하였다고 한다. 히틀러 자신부터 용어사용규칙에 철저하여 예컨대 유대인 '이주'나 '특별처우'와 같은 용어만을 사용하였다.[19] 학자들은 이에 대해 물리적 말살에 심리적 말살이 더해진 것으로 평가하며, 이를 제노사이드와 대비하여 "메모리사이드", 즉 '기억살인'

---

17 독일의 "홀로코스트 부인"보다 넓은 의미로 쓰이는 개념으로, 1987년 유대계 프랑스 사학자 루소(Henry Rousso)에 의해 채택된 후 사학계에 수용되고 특히 프랑스에서 광범위하게 사용되는 것으로 보인다(Matuschek, Erinnerungsstrafrecht, Berlin, 2012, 33쪽 이하 참조).

18 국내에서 이를 테마화한 저서로는 김동춘, 이것은 기억과의 전쟁이다, 사계절출판사, 2013.

19 광주항쟁에서 최초의 발포명령자는 아직도 밝혀지지 않은 것처럼 히틀러가 홀로코스트를 명령하였다는 공식문서도 존재하지 않는다고 한다(Matuschek, 앞의 책, 36쪽 이하).

(Memorizid, Mnemozid)이라고도 표현한다.[20] 전후에 나타난 부인주의자들은 사실은 나치에 의해 시작된 기억살인의 유산을 상속한 것이다.

나. 유럽연합 기억정책의 산물 "부인 금지법"(부인 금지 기본결정)

집단살해를 넘어 기억살인으로 자신들의 범죄의 흔적마저 지우려한 나치의 교묘하고 집요한 홀로코스트 부인의 전통은 단죄는 되었을지언정 멸절되기는커녕 단절되지도 않았으며, 심지어 전후에는 그 추종자들에 의해 유산과 같이 이어지고 있다. 이처럼 부인주의자들에 의해 홀로코스트 부인과 왜곡이 기억살인을 위한 기억말살전의 연장선상에서 진행되는데 대하여 유럽의 제 국가들과 시민사회는 수수방관하지 않고 있다. 이들의 부인주의에 대한 다양한 방식의 적극적 대응은 홀로코스트라는 대재앙의 역사가 남긴 확실한 교훈, 그리고 엄중한 정치적 책임의식에서 비롯된다.[21] 특히 1990년대 이후 독일과 유럽에서 네오나치가 발호하여 공공연히 홀로코스트 부인을 일삼아 이것이 유럽

20   Aleida Assmann, Erinnerungsräume, 336쪽(Matuschek, 앞의 책, 38쪽에서 재인용).

21   집단적 책임 추궁에 한계가 있는 과거를 겨냥한 법적 책임의 차원을 넘어 '구조적 부정의'에 주목하면서 미래지향적 책임의 공유와 집단행동에 의한 면책을 주장한 영의 '사회적 연결 모델'에 대해서는 아이리스 M. 영/허라금·김양희·천수정(역), 정치적 책임에 관하여, 도서출판 이후, 2013, 184쪽 이하 참조.

의 집단지성에 큰 도전이 되면서 특히 유럽연합차원에서 지속적으로 법적 대응이 논의되고 있다.

유럽연합은 인종주의 및 외국인혐오를 유럽연합 공동체의 규범적 토대인 인권과 기본권존중 원칙, 그리고 자유민주법치의 가치에 대한 직접적 침해로 간주하고, 같은 맥락에서 부인주의에 대해서도 대응하고 있다. 유럽연합은 회원국들이 인종주의와 외국인혐오 사안에 대해 형사처벌로 대응하는데 그치지 않고 포괄적인 종합대책을 마련하여 다양한 조치로 이에 대응해 나가야 한다는 기본입장을 갖고 있다.[22]

유럽연합 회원국들의 문화적, 법적 전통의 차이로 인해 형법적 대응에 완벽한 조화를 이루는 데는 한계가 있다는 점도 물론 인정하고 있다. 따라서 아래에서 언급하는 「기본결정」도 특히 심각한 유형의 인종주의 및 외국인혐오행위에 대해서 만이라도 최소한의 공통적 제재규범을 설정하려는 취지에서 마련되었다는 점을 제안이유에서 밝히고 있다.[23] 말 그대로 이는 유럽연합 회원국들이 부인주의 문제에 어떻게 접근하고 있는지에 대한 "기본결정"의 의미를 지니고 있다.

22　1990년대 중반 이후 유럽연합차원에서 진행되고 있는 다양한 초국가적 "홀로코스트기억정책" 프로그램 및 유럽연합기구들에 대한 자세한 소개는 Kübler, Europäische Erinnerungspolitik. Der Europarat und die Erinnerung an den Holocaust, transkript: Bielefeld, 2012, 63쪽 이하 참조.

23　기본결정 제안이유 제(6)항, L 328/55 (6).

1990년대 들어서면서 인종주의, 반유대주의, 외국인혐오 문제가 사회적으로 대두되자 1996년 7월 유럽연합 이사회와 의회가 「인종주의와 외국인혐오에 대한 공동대책」(Joint Action 96/443)을 의결하였는데, 이것이 유럽연합차원의 공동대응의 시발점이다. 2001년 유럽연합 집행위원회가 인종주의와 외국인혐오 선동행위와 제노사이드 부인행위 등의 형사처벌을 핵심으로 하는 이른바 「기본결정」(Rahmenbeschluss, framework decision)[24] 초안을 제안하였으나 표현의 자유를 둘러싼 회원국들의 법전통과 법체계의 차이로 인해 쉽게 논의의 결론을 내리지 못하고 무려 7년의 논의과정을 거친 끝에 2007년 4월 독일이 유럽연합이사회 의장국이 되면서 마침내 정치적 합의를 도출해 내어 2008년 12월 6일부로 「인종주의와 외국인혐오의 특정 형태 및 표현의 형법적 규제를 위한 이사회 기본결정 2008/913」이 발효되었다.[25]

「기본결정 2008/913」의 핵심조항인 제1조 제1항은 '인종주의 및 외국인혐오 범죄'라는 제하에 총 4호에 걸쳐 범죄구성요건을 규정하고 있는데, 그 내용은 첫째, 특정집단이나 그 구성원

---

24   유럽연합의 법체계상 기본결정은 지침(Richtlinie, directive)과 마찬가지로 회원국에 직접 적용되는 법은 아니고 회원국 국내법에 의한 입법을 강제하는 효력을 지닌다. 회원국이 국내입법을 이행하지 않은 경우 직접 적용될 수도 있다.

25   「COUNCIL FRAMEWORK DECISION 2008/913/JHA of 28 November 2008 on combating certain forms and expressions of racism and xenophobia by means of criminal law」 http://eur-lex.europa.eu/legal-content/DE/TXT/?qid=1430951239680&uri=CELEX:32008F0913

에 대한 폭력 또는 증오를 공공연히 선동하는 행위(제a호)[26]와 둘째,「국제형사재판소에 관한 로마규정」제6, 7, 8조[27]의 집단살해죄, 반인도범죄, 전쟁범죄를 공공연히 승인하거나, 부인 또는 현저히 폄훼하는 행위(제c호)[28]로 대별된다. 이 둘째 범주, 즉 제1조 제1항 c, d호가 이른바 '부인 금지조항' 또는 '부인주의 처벌조항'이라 할 수 있다.[29] 이러한 기본결정의 규정은 유럽연합 회원국들이 각각 부인 금지규정을 입법해 온 기존의 방식보다 한걸음 더 나아간 것으로 평가되며, 제노사이드부인의 형사처벌 필요성에 대한 유럽연합 공통의 확신을 공유한데서 비롯된 것으로 여겨진다.[30]

기본결정을 종합적으로 고찰하여 '부인 금지 조항'의 특징을 정리하면 다음과 같다. ① 고의행위만이 처벌대상이 되며, 부인주의적 행위를 방조 또는 사주하는 공범도 처벌하도록 하고 있

26　제b호는 a호의 폭력·증오 선동행위를 문서, 도화 및 그 밖의 자료를 공공연히 전파 또는 배포를 통해 범한 경우까지 처벌에 포함시키고 있다.

27　우리나라「국제형사재판소 관할 범죄의 처벌 등에 관한 법률」(약칭: 국제형사범죄법) 제8, 9, 10조에 상응하는 규정.

28　제d호는 1945년 8월 8일 런던협약 부록 국제군사재판소헌장 제6조의 반평화범죄, 전쟁범죄, 반인도범죄를 대상으로 하는데 '홀로코스트 부인'의 경우가 이에 해당한다.

29　유럽연합 기본결정은 '부인 금지조항'을 일반규정인 '국제형법범죄'의 부인 금지(일반 제노사이드 부인 금지, c호)와 특별규정인 '홀로코스트 부인'(d호)을 구분하여 규정하고 있는 것을 볼 수 있다.

30　Claudia Bernhard, Das Rechtsgüter-Trilemma, 2011, 35쪽.

다. ② 공공연한 승인이나 부인 또는 현저히 폄훼하는 행위[31]가 특정그룹 또는 그 구성원에 대한 폭력이나 증오를 부추길 개연성이 있어야 한다. ③ 행위양태의 규정과 관련하여 부인주의적 행위가 "공공질서의 침해" 여부 또는 "위협, 욕설, 모욕의 형태"로 자행되는 경우로 제한할 것인지 여부는 회원국의 재량으로 한다.[32] ④ 법률효과로서 "효과적이고 적정하며 예방적인" 형사제재가 부과되어야 하며, 법정형은 최소한 1년에서 3년으로 규정해야 한다.[33] ⑤ 자국 내에서 행해진 범죄의 경우 적어도 중대한 사안에 대해서는 형사소추를 피해자의 의사에 좌우되지 않도록 규정하여야 한다.[34]

2014년 유럽연합집행위원회의 회원국 부인 금지법 입법현황에 관한 보고[35]에 따르면 회원국의 이행입법은 각각 다양하게 구

31 이하에서 "부인주의적 행위" 또는 "부인 금지"는 별도의 언급이 없는 한 "승인, 부인, 폄훼", 이 세 가지를 모두 통칭하는 의미로 사용하기로 한다.

32 나아가 '부인 또는 현저한 폄훼'의 요건과 관련하여 그 범죄의 최종적 확정이 회원국 법원이나 국제재판소 어느 하나에 의하면 족한 것인지, 양자 모두에 의해 확정되어야 하는지, 아니면 오로지 국제재판소에 의해서만 배타적으로 확정될 수 있는지의 문제도 회원국이 선택할 수 있도록 하고 있다(제4항).

33 증오선동(증오설교, Hate Speech)에 대해서 대부분의 유럽연합회원국에서는 기본결정의 권고와 같이 1~3년의 법정형을 규정하고 있는데, 영국의 경우 최고 7년형에 처해질 수 있다. 부인주의적 행위에 대해서는 1년에서 최고 20년형(오스트리아)까지 규정되고 있다. 대부분 자유형과 함께 선택적으로 벌금형 등의 대체제재도 규정하고 있다.

34 따라서 대부분의 유럽연합회원국은 이를 "친고죄"로 규정하지 않고 수사기관이 직권으로 소추하도록 하고 있다.

35 http://eur-lex.europa.eu/legal-content/DE/TXT/?qid=1430957601526&uri=CELEX:52014DC0027

현되고 있다. 부인주의적 행위가 "폭력이나 증오를 부추길 개연성"이 있어야 한다는 요건에 대한 유럽인권재판소 판결에 따르면 반인도범죄(홀로코스트) 부인행위는 유대인에 대한 모욕과 증오를 부추기는 특히 심각한 형태에 해당한다.[36] 또 홀로코스트와 같이 명백히 확인된 역사적 사실의 부인이나 수정주의적 서술은 유럽인권협약 제17조(권리남용금지)에 따라 무조건 '표현의 자유'(유럽인권협약 제10조)의 보호에서 배제된다.[37]

다. "부인 금지법"의 실효적 관철을 위한 고려사항

유럽연합집행위원회의 2014년 기본결정이행현황보고서가 도출해낸 개선과제에 따르면, 국제형법범죄 선동행위나 부인주의적 범죄행위의 형사소추를 효과적으로 수행하기 위해서는 이를 전문으로 담당하는 검·경 특수인력과 세부수사지침이 마련되어야 하며, 관련법규의 숙지를 위한 교육·연수 등이 뒷받침되어야 한다. 이 범죄의 경우 숨은 범죄(암수범죄)가 많다는 특성을 감안할 때 이를 신뢰성 있게 집계하는 데이터베이스의 구축이 필요하며, 관계기관 간의 원활한 정보교환과 업무공조, 나아가 국

---

36   Garaudy v. Frankreich, 65831/01, 24 June 2003 ECtHR:http://hudoc.echr.
coe.int/sites/eng/pages/search.aspx?i=001-23829

37   Lehideux & Isorni v. Frankreich, (55/1997/839/1045), 23 September 1998
ECtHR:http://hudoc.echr.coe.int/sites/eng/pages/search.aspx?i=001-58245

제형사사법공조도 촉진되어야 한다. 이 보고서는 무엇보다도 정부기관과 정당과 시민사회가 한목소리로 인종주의와 외국인혐오 행위(선동 및 부인 행위)를 공개적으로 범죄로 선언하는 것이 이 범죄의 심각성과 엄중한 처벌을 각인시키는데 가장 효과적이라는 점이다.

독일형법상 홀로코스트 부인 금지

가. 개인적 모욕죄 vs. 사회적 공공질서(평온)침해죄

독일에서는 유대인에 대한 나치학살범죄를 부인하거나 폄훼하는 역사왜곡적 홀로코스트 부인 행위를 의미하는 이른바 "아우슈비츠거짓말"(Auschwitzlüge)에 대해 1970년대부터 이미 독립된 처벌규정의 필요성이 제기되었다. 당시 형법 제130조의 국민선동죄는 폭력이나 증오를 선동하는 행위가 동시에 "인간존엄"을 침해할 것을 요건으로 하였는데, 학설은 "피해자의 인격에 대해 국가공동체 내에서 동등한 가치를 지닌 인격체로서의 생명권"에 이의를 제기하고 "가치가 떨어지는 존재"로 대우하는 경우에만 "인간존엄"의 침해를 인정한 관계로 홀로코스트 부인만으로 유대인의 인간의 존엄을 침해하는 것으로 인정되지는 않았다.

  따라서 판례는 홀로코스트 부인에 대해 독일에 거주하는 모든 유대인 개인에 대한 명예를 침해한 것으로 보아 모욕죄를 인정하여 처벌하였다. 연방대법원(BGH)은 유대인에 대한 모욕죄를 인정함에 있어서 직접 핍박을 체험한 개인적 운명을 기준으로 삼지 않고, 실제 체험 또는 출생 여부와 무관하게 독일에 사는 모든 유대인의 인격에 부담이 되었다는 역사적 상황을 기준으로 삼았다. 그런데 모욕죄가 친고죄인 관계로 홀로코스트 피해자가 홀로코스트 부인 행위 때문에 모욕죄를 이유로 직접 고소하게 만드는 것은 가혹하다는 비판이 제기되었다. 참혹한 고난을 몸소 체험한 피해자에게 고소권이 존재하는지 여부에 대해 증명해 보이게 하고, 심지어 형식적 소추요건의 결여를 이유로 피해자가 모욕을 감내하게 만드는 것은 납득하기 힘든 일이기 때문이다.[38]

이러한 비판에 직면하여 1985년 일차적으로 취해진 입법조치는 홀로코스트 부인 행위로 인한 모욕죄 입건의 경우 친고죄 규정의 예외를 인정하여, 피해자의 고소가 없이도 소추가 가능하도록 한 것이다. 수사기관은 홀로코스트 부인행위에 대해 직권소추를 하되, 피해자의 의사에 반하여 절차를 진행하지는 않도록 반의사불벌죄로 구성하였다.[39]

이러한 홀로코스트 부인 행위를 둘러싼 입법정책적 공방이

---

38 Vogelgesang, Die Neuregelung zur sog. "Auschwitzlüge", NJW 1985, 2386 이하.

39 독일형법 제194조 제1항 제2, 3문.

지속되는 과정에서 이를 더 이상 개인적 법익인 모욕죄의 차원이 아니라 초개인적, 즉 사회적 법익인 공공질서에 대한 범죄라는 차원에서 접근해야 한다는 입장이 개진되며,[40] 이를 전제로 별도의 처벌규정 신설을 위한 개정안이 제출되었다.[41] 1994년 10월 28일 중대범죄대책법(Verbrechensbekämpfungsgesetz)을 통해 현행 독일형법 제130조 제3항에 독자적인 홀로코스트 부인금지 조항이 신설되었다. 이 규정이 신설되면서 특정집단에 대한 폭력·증오 선동행위로 처벌하는 경우(제130조 제1항)에도 "인간존엄의 침해" 요건을 "공공평온의 침해"로 대체하였다. 학설에 따르면, 이는 이른바 '추상적 위험범'으로서 행위를 통해 공공의 평온이 이미 침해되는 '결과'를 요하지 않으며 심지어 구체적으로 위태롭게 할 '위험'의 발생도 요구하지 않는다. 행위의 불법성을 인정하는 데는 그 행위로 법적 안정성에 대한 신뢰가 흔들릴 수 있다는 근거 있는 우려가 존재하기만 하면 된다.[42] 독일형법 제130조 제3항의 신설로 홀로코스트 부인행위는 한편으로는 여전히 모욕죄로 1년 이하의 자유형에 처해질 수도 있고, 다른 한편으로는 국민선동죄로 5년 이하의 자유형에 처해질 수 있

40   Huster, Das Verbot der "Auschwitzlüge", die Meinungsfreiheit und das Bundesverfassungsgericht, NJW 1996, 487 이하.

41   BR-Dr 382/82; BT-Dr 9/2090; 10/891; 10/1286.

42   Thomas Fischer, Strafgesetzbuch(StGB), § 130 Rn. 2, 2a, 13, 32.

게 된 것이다.[43]

나. 홀로코스트 부인 금지 vs. 표현의 자유 ?

홀로코스트나 그 밖의 제노사이드를 정당화하며 승인(justifi-
cation/billigen)하거나 그 역사적 사실을 부인·왜곡(negation/
leugnen), 또는 평가 절하하여 폄훼(trivialization/verharmlosen)하는
부인주의적 표현을 형벌로써 금지하는 정책은 현대 법치국가에
서 헌법적으로 보장된 표현의 자유와 관련하여 논란이 된다. 주
지하는 바와 같이 미국은 표현의 자유에 우월한 지위를 인정한
수정헌법 제1조에 따라 홀로코스트 부인을 처벌하지 않는 반면,
대다수 유럽국가들은 이를 처벌하여 근본적인 접근법의 차이가
있음을 적나라하게 드러낸다. 기본적으로는 표현의 자유의 제한
여부를 둘러싼 헌법적 규율과 그 해석·적용상의 차이에서 유래
하는 입장차이이지만 유럽의 제 국가들 사이에서도 크고 작은
차이들이 존재하는 부분을 주목해 볼 필요가 있다.

   독일을 위시한 유럽국가들이 홀로코스트 부인 문제를 표현의
자유에 관한 사안으로 방관하지 못하고 심각하게 받아들일 수

---

43   2005년에는 「집회법 및 형법 개정법률」로 제130조 제4항에 '나치체제 찬양죄'
가 신설되었다. "공연히 또는 집회에서 피해자의 존엄을 해하는 방식으로 나치폭력·자
의지배를 승인, 찬양 또는 정당화함으로써 공공의 평안을 침해하는 자" 역시 홀로코스
트 부인범죄와 마찬가지로 5년 이하의 자유형에 처해질 수 있다.

밖에 없게 된 것은 전후 세대들이 전쟁과 학살의 기억을 공유하지 못한 상태에서 극우주의적 사고에 노출되며 이와 결부된 범유럽적 위기상황과 병폐가 단지 일시적 현상으로만 끝나지 않을 것이라는 깊은 고민과 우려로부터 비롯된 것이다. 독일연방헌법재판소는 표현의 자유(독일기본법제5조)의 제한과 관련하여 표현의 자유를 존중하는 태도를 견지하지만, 홀로코스트 부인은 이미 입증된 명백한 허위사실로서 "의견형성"에 아무런 기여를 할 수 없다는 이유로 기본권의 보호범위에 속하지 않는다고 판시하여 아예 헌법적 보호를 배제하고 있다.[44] 유럽인권협약의 위반여부를 심사하는 유럽인권재판소 역시 나치정책의 정당화는 물론 홀로코스트와 같은 카테고리의 역사적 사실을 부인하거나 상대화하는 것은 표현의 자유(유럽인권협약 제10조)의 보호범위에 속하지 않는다는 입장을 취하고 있다.[45]

다. 사회적 가치로서의 집단기억

독일에서는 최근 홀로코스트 부인 금지의 정당화 근거는 기존의 형법적 법익론의 카테고리 너머에서 찾아야 한다는 견해들이 유력하게 제시되고 있다. 홀로코스트 부인 금지는 "정치적 합

---

44   BVerfGE 90, 241.
45   EGMR NJW 2004, 3691 (65831/01 Garaudy/Frankreich).

의를 토대로 한 독일인의 전후정체성"의 표현이며, 따라서 명예나 공공안녕이 아닌 희생자의 정체성과 독일의 정체성에서 이 규정의 의미를 찾아야 한다는 견해를 들 수 있다. 같은 맥락에서 홀로코스트와 그 희생자에 대한 기억과 기념의 의미에서 "역사적 진실" 또는 "자행된 범죄에 대한 수치심"이 홀로코스트 부인 금지의 보호이익이라는 견해가 제기되기도 한다.[46]

프랑스 사회학자 알바쉬(Maurice Halbwachs)의 '집단기억이론'[47]에 따르면 집단기억과 정체성의 관계는 매우 밀접하다. 이러한 기억연구에 힘입어 프랑스에서 '부인주의'는 '홀로코스트 기억의 침해'라는 관점에 1990년에 입법된 프랑스의 홀로코스트 부인 금지법(이른바 '가소법', Loi Gayssot)에 반영된 것으로 보인다. 가소법에 의해 개정된 프랑스 언론법 제24조의2 홀로코스트 부인 금지 규정의 정당화와 관련하여 비록 통일된 견해는 아니지만 학자들은 "기억의 보존", "기억의 방어", 심지어 "역사적 진실의 보존" 등 (집단)기억과의 맥락에서 고찰하여 기억을 확고

---

46 이에 대해서는 Matuschek, Erinnerungsstrafrecht, 2012, 93쪽 이하.

47 그의 집단기억론에 따르면 개인은 불가불 사회 내 존재로서 개인의 기억은 사회가 만들어주는 기억이라고 본다. 인간은 자신이 살고 있는 사회 안에서 자신의 기억들을 고정시키고 재발견하려는 노력을 하며 이 관계 속에서만 회상이 존재 한다는 것이다. 기억의 주체는 개인이지만 의사소통의 내용이 되고 집단적 기억의 테두리 안에 자리 잡을 수 있는 것만이 기억의 내용을 이루기 때문에 사회는 기억을 생성시켜 주는 데 결정적인 역할을 한다. 따라서 집단기억과 정체성의 관계가 매우 밀접하다는 점이다 (이에 대해 자세한 소개는 5·18의 문화적 기억을 위한 연구, 2011, 20쪽 이하 참조).

한 법률적 개념으로 발전시키고 있으며, 판례도 마찬가지이다. 집단기억은 하나의 사회적 가치로서 사회는 긍정적 측면에서는 그 존속을 위해 노력해야 하며, 부정적 측면에서는 법규범을 통해 안정시켜야 하는 가치라는 것이다.[48]

공통의 관심과 연대가 존재함에도 불구하고 홀로코스트 부인 금지라는 동일사안에 대하여 프랑스와 독일만 보더라도 각 나라의 학계와 사법이 서로 상이한 정당화모델을 채택하고 있는 점은 사안에 대해 접근하는 각 나라의 입장 차이가 투영된 것으로 추정해 볼 수 있다.

518 왜곡과 기억의 형법의 모색

가. 반인도범죄 차원의 5·18민주화운동: 부인·왜곡 vs. 희생자의 명예

김인석 교수는 1995년 검찰의 5·18 관련자 불기소처분을 비판하며 "5·18 양민학살은 광주의 문제일 뿐만 아니라 한 민족의 문제이며, 아울러 전 세계의 보편적 양심의 문제로서, 인류의 경험으로 뉘른베르크 전범 및 유태인 학살자 재판과 5·18 학살

---

48   Matuschek, Erinnerungsstrafrecht, 2012, 95쪽 이하. 여기서 기억이 초개인적 가치라는 점은 단순한 개인적 표현이 아닌 공공연한 표현만이 처벌된다는 점을 통해서 드러난다.

자 기소 문제를 비교하는 것은 매우 적절"함을 주장한 바 있다.[49] 유고 국제형사재판소 권오곤 상임재판관은 "당시 군부에 의한 5·18민주화운동에 대한 탄압 내지 공격을 인도에 반한 죄로 다룰 수 있다는 것"을 생각하지 못했었던 점에 대해 한탄하는 소회를 밝힌 바 있다. 그는 "일정한 군부의 정책 내지 방향에 따라서 민간인에 대한 체계적일 뿐만 아니라 광범위한 공격이 있었고, 그 과정에서 수많은 민간인의 희생이 있었다면 전형적인 인도에 반한 죄"라고 할 수 있으며, "이들에 대한 처벌 필요성이 국제사회에서 합의를 찾을 수 있었다면, 국제형사재판소에 의한 처벌도 논의될 수 있었을 것"이라고 하였다.

김인석 교수나 권오곤 재판관이 판단한 바와 같이 5·18민주화운동과정의 집단살해는 이미 "헌정질서 파괴범죄행위"로 단죄된 국가범죄로서 런던협약이나 국제형사재판소법(로마규정)상의 반인도범죄에 해당한다. 그리고 이러한 범죄에 대한 공공연한 부인주의적 행태는 희생자(피해자) 개인에 대해서는 두말할 나위 없이 명예훼손에 해당한다. 따라서 일차적으로는 피해자 보호 및 지원의 차원에서 친고죄로 규정된 현행 형법의 규정방식(제312조: 고소와 피해자의 의사)을 바꾸어 독일 사례와 같이 해당 관련 사안에 대해서는 형사소추기관이 피해자의 고소와 무관하

---

49 김인석, 나치의 유태인 학살자 재판과 5·18 특별법 제정의 역사적 의미, 1995, 213쪽 참조.

게 직권소추할 수 있도록 하면서 반의사불벌의 방식으로 규정하는 방안을 고려할 필요가 있다. 아울러 고소·고발권 행사를 포함하여 적극적으로 소송 참여 의사가 있는 피해자들에게는 피해자참가제도 및 피해자변호인 제도를 통해 지원함으로써 국가가 피해자에 대해 인정과 연대로써 피해회복을 지원하며 2차 피해를 방지해야 할 것이다.

나. 사회적 법익의 침해로서의 5·18민주화운동 부인·왜곡

근대 자유주의형법의 대부이자 사형폐지론 주창자인 계몽법학자 베까리아(Cesare Beccaria)가 「범죄와 형벌」에서 "사회에 끼친 해악"만이 범죄의 유일한 기준이며 척도[50]임을 역설한 이래 개인의 자유를 지향하는 현대형법학은 어떠한 행위를 범죄화하고 형벌을 부과하려 할 때 이른바 "법익론"의 토대 위에서 끈질기게 "보호법익"의 실체를 추궁한다. 이는 어떤 범죄구성요건을 통해 보호되어야 하는 구체적인 이익이나 가치가 제시되어야 한다는 것이다. 이렇게 보호법익의 구체화를 통해 보호목적이 설정되면 이를 위해 선택된 보호방식(수단)에 대해서 헌법적 비례원칙의 심사를 받아야 한다. 빈대를 잡기 위해 초가삼간을 태울 수 없고, 파리 한 마리를 잡기 위해 총을 쏠 수는 없기 때문이다.

---

50   베카리아/한인섭(역), 범죄와 형벌, 박영사, 2013, 32쪽 이하.

여기서 다시 형법은 모든 사회통제수단 가운데 최후의 수단이라는 점이 상기되어야 한다.

앞에서 본 바와 같이 독일의 홀로코스트 부인 금지 · 처벌규정은 '국민선동죄'의 한 유형으로 규정되어 있다. 그리고 보호법익 논란 또는 흠결에 대한 지적 때문에 애당초에 "인간존엄의 침해"를 요건으로 하였던 것을 "공공의 평안의 침해"로 개정한 것을 볼 수 있다. 그러나 "공공의 평안"이란 요건 역시 고도의 애매모호함 때문에 논란의 여지를 안고 있다.

홀로코스트 부인과 같은 집단학살의 부인이나 그 사실에 대한 왜곡은 결국 집단기억과 정체성에 대한 침해와 훼손으로 귀착된다는 점에서 이를 금지하는 것은 "정체성과 결부된 사회적 가치상태로서 (5 · 18의 경우 민주화운동공동체의) 집단희생에 대한 기억"[51] 그 자체를 보호법익으로 봐야 할 것이다. 다시 말해서 부인 금지와 처벌의 입법은 집단학살의 대가를 치르며 쟁취 · 생성된 5 · 18민주화운동 정신의 기억[52]이 부인 · 왜곡으로부터 형법에 의해 보호될 가치가 있는지 여부에 달린 사안이라고 할 수 있다. 보호법익으로서의 집단기억은 사회적 (가치)상태를 보호하는 것

51　그동안 이루어진 5 · 18기억 연구에 대한 개관으로는 장희정, 5 · 18의 문화적 기억을 위한 연구 -"옛 도청 별관" 담론을 중심으로, 전남대학교 석사학위논문, 2011, 3쪽 이하.

52　김동춘 교수는 기억해야 한다는 책임감과 공유된 기억이 정신의 공동체를 만들어 낸다고 한 바 있다(김동춘, 이것은 기억과의 전쟁이다, 사계절출판사, 2013, 127쪽).

이 관건이기 때문에 이를 침해하는 행위자에게 진실의무를 추궁하여 거짓말 행위를 처벌하는 것도 아니며, 행위자의 심정과 동기여부를 캐내어 처벌하는 심정형법적 도구는 더더욱 아니다. 마지막으로 형법의 최후수단성 원칙을 고려하더라도 지만원 씨와 그 심정적 동조자들의 행태에서 보는 바와 같이 이들이 그동안 보인 부인·왜곡행태는 정상적인 의사소통의 과정을 통해 완화·해소가 가능한 수준으로 볼 수 없으며, 부인주의자들 나름의 "부인·왜곡시스템"이 작동하고 있다는 점에서 형법적 수단의 투입이 불가피하다고 볼 수 있다.

나가는 말: 기억의 형법 vs. 망각의 형사정책

독일 근대형법학자 리스트(Franz von Liszt)는 형법과 형사정책의 관계에 대하여 "형법은 형사정책이 뛰어넘을 수 없는 한계"라는 명제로써 규정한 바 있다. 쉽게 얘기하면 형사정책적 고려가 형법에 반영되어야 하지만 궁극적으로는 법치국가적 형법의 틀 내에서 형사정책은 구현되어야 한다는 것이다. 그러나 이러한 명제와 원칙이 우리나라에서는 그동안 공허함을 넘어 형해화될 때가 많았다. 예컨대 "부인·왜곡의 금지"를 형법적으로 규정하여 처벌하도록 하더라도 형사소추기관인 경찰과 검찰이 미온적으로 대처할 경우, 나아가 사법부가 이른바 솜방망이처벌을 일삼을 경우, 해당 규정이 사문화될 위험이 다분하며 이러한 법집

행행태는 도리어 해당 보호법익의 희화화를 초래할 수 있다는 점이다.[53] 실제로 이명박·박근혜 정부를 거치는 동안 이러한 우려는 적나라하게 현실화되었으며, 심지어 공권력이 이러한 불법을 방조하고 심지어 조장한 정황마저 속속 드러나고 있는 상황이다.

이러한 상황에서는 기억의 형법으로서 형사정책의 길잡이가 되어야 할 형법마저 망각의 형사정책의 도구로 전락할 수 있다는 점이다. 정의의 여신은 두 눈을 다 감거나 두 눈을 다 뜨고 정의의 저울, 정의의 검을 들어야 한다.

하지만 5·18민주화운동의 기억을 지키기 위해 부인·왜곡을 처벌하는 기억의 형법을 창출해 내는 단초는 결국은 5·18민주화운동의 기억 그 자체에 답이 있다 할 것이다. 궁극적으로는 법이 지켜서 유지되는 기억, 하물며 법이 만들어내는 기억일 수는 없기 때문이다. 이 지점에서 '아는 것이 힘'이라는 말보다 더 절실한 것은 '기억이 힘이다'는 명제일 것이며, 그렇게 '기억의 형법'은 '기억이 만드는 형법'이기도 할 것이다.

53　이러한 맥락에서 이재승 교수는 다음과 같은 논지로 금지반대론으로 입장을 선회하고 있다: "표현의 자유가 민주적 법치국가의 초석으로서 갖고 있는 중대성을 주목한다면 역사부인행위의 처벌법을 반대하는 것이 옳다. 우리는 더 많은 표현의 자유를 요구해야 한다. 현재 상황에서 역사왜곡과 부인을 처벌하려는 시도는 실제로 역사의 부인을 정밀하게 타격하기보다는 표현의 자유를 포괄적으로 위축시키고, 비판적 역사관을 지닌 소수파들만 곤경에 처하게 할 우려가 크다."(이재승, 홀로코스트 부인, 2013, 84쪽)

'광주'는 광주를 넘어서야 한다
_ 80년 그해 겨울, 광주의 '진실'을 기록하다

소준섭
국회도서관 조사관, 국제관계학 박사

'광주'의 진실을 밝히려는 노력, 그 오랜 '장정(長征)'은 바로 80년 광주 그곳에서 시작되었다.

80년, 그해 겨울

나는 1980년 서울 학원사태 배후조종자로 전국에 지명 수배되어 그 해 겨울, 광주로 내려갔다.

그곳에서 내가 유신반대 데모로 1979년 서울 성동구치소에 구속되어 있을 때 친하게 지냈던 전남대 출신 조봉훈 선배와 같이 살게 되었다. 그 선배가 있던 계림동 하숙방에 며칠 간 있다가 전남대 인근 신안동에 방 한 칸의 셋방을 얻었다. 당시 조봉훈 선배는 광주항쟁의 진상을 기록하는 작업을 비밀리에 추진하고 있었다. 자연스럽게 내가 집필을 담당하게 되어 선배가 수집한 관련 자료들을 정독하고 또 많은 증언을 들었다. 고(故) 신영일, 고 노준현, 김상집, 박몽구, 이현철, 전용호, 전삼순, 조혜란 등 10여 명은 자신이 목격하거나 경험한 사실을 나에게 증언하였다. 특히 항쟁의 발단이 된 전남대 정문 앞 계엄군과의 충돌은 당시 정문 현장에 있었던 박몽구의 자세한 증언을 청취하였고, 시민들의 무장 및 이후 중요 과정에 대한 집필에는 김상집 및 이현철 등과의 증언과 토론이 큰 도움을 주었다.

나는 수집된 자료와 증언 가운데 너무 과장됐다고 생각되거나 조금이라도 사실성이 부족한 것으로 여겨지는 내용들은 모두 배제하였다. 최대한 확인된 사실만을 기록하고자 하였다. 이를 위하여 당시의 상황을 취재 보도한 〈동아일보〉 등 각 신문 기사도 자세히 정독하여 참조하였다. 당시 80년 그 공포스러운 시대에서 현상금이 걸린 수배자였던 나는 잘 곳도 마땅치 않고 제대로 먹지도 못하는 그런 긴 생활로 인해 몸이 쇠약해져 복막염과 장결핵을 앓으면서 통증도 매우 극심했던 상태였다.[1]

하지만 광주의 진실을 알리기 위한 막중한 임무를 스스로 다짐하면서 한 글자 한 글자 모든 힘을 다해 "진실을 향한 기록"을

[1] 사실 나는 당시 복막염과 장결핵인지 전혀 알지 못하고 있었다. 몇 달 뒤 광주를 떠나 서울로 올라왔을 때 지하철을 타게 되면, 지하철의 진동에도 통증을 느낄 정도로 아팠다. 그때 신동수 선배가 돈을 마련해주며 세브란스병원 진찰을 받도록 해줘서 비로소 그런 병을 얻은 사실을 알게 된 것이다.

진행해 나갔다.

　광주항쟁 당시에 시민들이 스스로 발행했던 '투사회보'나 각종 선언문 그리고 재판기록 등 그나마 조금 남아있는 기록을 꼼꼼하게 정리하였고, 이와 동시에 항쟁에 참여했던 여러 사람의 증언을 최대한 다양하게 들었다. 과장된 표현이나 증명되지 않은 소문을 그대로 글로 옮기는 것은 기록의 가치도와 신뢰도가 떨어질 뿐 아니라 결국 전두환 군사정권에게 역으로 이용당할 것이 너무도 뻔했기 때문에 가능한 한 정확성을 기하려 모든 힘을 다해 노력하였다.

　당시만 해도 광주 시내 곳곳에서는 아직 하루에도 몇 차례씩 착검한 총을 손에 든 공수부대를 가득 태운 군 차량이 질주하고 있었다. 광주 도청건물 앞 금남로의 전일빌딩과 카톨릭센터를 비롯하여 시내 곳곳에 그리고 내가 살고 있던 곳 도로 쪽 담에도 여전히 총탄자국이 남아있었다. 살벌하였다. 정말이지 나만이 아니라 여러 사람들의 목숨과 관계된 지극히 위험한 일이었다. 따라서 모든 일은 반드시 철저하게 비밀리에 진행되어야 했다.

　나는 자다가도 꿈에 5월 그 날의 참상이 떠올라 소스라치며 자리에서 일어나곤 하였다. 복막염으로 참기 어려운 통증이 계속 밀려왔지만, 아픈 배를 움켜쥐고 조금씩 조금씩 손으로 기록해 갔다. 하루에도 몇 번이나 몸서리가 쳐지고 온몸의 신경이 곤두서는 일이었다. 그러나 혼신의 힘을 다하였다.

　그리고 마침내 5월에 들어 "광주백서" 집필을 모두 완성하였다. "광주백서"[2] 초고는 200자 원고지 약 300매 분량이었다.

주요 내용은 1. 발단(학생시위: 5월 18일), 2. 민중봉기로 발전(시민 합세: 5월 19일), 3. 무장봉기로 전환(5월 21일), 4. 전남 민중봉기로(시외로 확산: 5월 21일), 5. 시내장악 및 자체 조직과정(5월 22일-26일), 6. 계엄군 무력진입(5월 27일)으로 구성되었고, 맨 마지막에 부록 형식으로 '찢어진 깃폭'을 발췌하여 실었다. 나는 당시 입수된 자료 가운데 '찢어진 깃폭'은 내용 일부가 다소 과장된 부분이 있기는 했지만 현장 분위기를 상당히 생생하게 묘사했다고 판단해 광주백서의 본문 내용과 구분되도록 별도의 부록 형태로 발췌 처리하여 덧붙였다.[3]

'광주의 사실'을 전국에 알린 "광주백서"

당시에 '광주'의 진상은 밝혀지지 않고 있었다. 특히 광주, 전남 지역 이외에 전국적으로 전혀 알려지지 않은 상황이었다. 이제

2   본래 이 팸플릿에는 제목이 없었지만, 널리 배포되고 읽혀지면서 사람들 사이에서 "광주백서"라는 이름으로 불리게 되었고, 그리하여 자연스럽게 "광주백서"라고 통칭되었다.

3   극우논객 지만원 등은 이 '찢어진 깃폭'이 북한에서 제작된 것이라 강변하고 있다. 그러나 '찢어진 깃폭' 문건을 쓴 인물은 바로 이미 고인이 된 김건남이라는 광주 출신의 시인이다. 김건남 시인은 1980년 5월 자신이 당시 광주 시내에서 직접 목격한 광경을 기록하여 카톨릭 단체에서 증언하였고, 그 제목이 바로 '찢어진 깃폭'이었다. 김건남 시인은 1989년 남풍이라는 출판사에서 동명의 책을 김문이라는 필명으로 공개적으로 출판하기도 했다.

이 땅의 민주주의를 살리려는 우리의 운동은 반드시 '광주'로부터 출발해야 했다. 그리고 그 출발은 왜곡된 이른바 '광주사태'가 아니라 '광주의 사실'을 알리는 것으로부터 시작해야 했다.

"광주백서"를 몸에 지니고 서울로 온 나는 1982년 1월 항쟁기록을 전국에 널리 알리기 위한 작업을 시작했다(수기로 쓴 이 "광주백서"의 원본은 유인물로 제작, 배포된 후에도 내가 가지고 다니다가 수배자의 신분으로서 너무나 위험하여 결국 태워 없애고 말았다). 인천 구월동 아파트단지에서 고 김근태 선배가 살던 아파트 옆에[4] 당시 수배자였던 박우섭(인천 남구청장)과 민종덕(전태일기념사업회 이사), 문국주(전 민주화운동기념사업회 상임이사)를 비롯하여, 고 이범영(전 민주화운동청년연합 의장), 박승옥 선배 등과 공동 작업을 통해 "광주백서"를 타이핑하였다.

손으로 미는 등사기는 남대문시장에서 박우섭 형이 구입하였고, 타자기는 을지로 지하상가에서 내가 중고로 구입하였다. 또 서울 중구에 있는 인쇄골목 지물포에서 종이를 재단하여 구입하고 아픈 몸으로 인천 구월동까지 지하철을 타고서 그 무거운 종이를 운반해왔던 기억이 생생하다. 타자 작업은 민종덕 형이 맡았고, 등사 작업은 박우섭 형이 중심이 되었다. 그리고 1월 그

4　세브란스병원 진찰로 장결핵을 앓고 있다는 사실을 알게 된 뒤, 신동수 선배의 소개로 김근태-인재근 선배 부부가 사는 인천 구월동 아파트에 살게 되었다. 당시 나는 극도로 쇠약해져서 아파트 계단도 몇 번이나 쉬었다가 올라가야 할 정도였다.

추웠던 겨울 구월동 아파트 방에서 제작 작업을 하였다. 지문을 남기지 않도록 손가락에 고무 밴드를 끼운 채 재단해온 종이에 등사기로 일일이 한 장씩 42쪽 팸플릿을 약 120부 프린트했다. 이 "광주백서" 팸플릿이 완성된 뒤 나는 광주에서 제작된 것처럼 위장하기 위해 일부러 광주로 내려갔다. 광주 현지 우체국에서 원주의 이창복(재야인사) 등 20여명에게 발신인은 가명으로 하여 등기로 발송하였다. 그런 다음 서울로 올라와 구월동 선배들과 내가 각자 여러 사람들과 경로를 통하여 기독교인권위원회 (NCC) 등 민주화운동 기관과 조직, 서울대 인문대 학회실 등 들키지 않으면서도 용이하게 배포될 수 있는 장소에 각각 3~5부씩 놓아두었다.

바람 새는 골방에서 몰래 읽었던 "광주백서"

이 "광주백서"를 펴내기 전인 81년 4월 경, 이창복 선생과 서울 당산동 '성문밖교회'에서 만나 우리가 기록한 "광주백서"를 책으로 만들 것을 제안하였다. 그리고 이틀 후 이창복 선생을 따라 조봉훈 선배와 고속버스를 타고 원주에 있는 댁으로 가서 하룻밤을 지내며 논의했다.

나는 내가 수배자 신분이라는 사실을 말하지 않은 채 전남대학교에 다니는 대학생이라고 소개하였는데, 당시 이창복 선생은 관련 기록을 본인에게 건네주면 새롭게 정리해 책으로 만들겠다고 했다. 하지만 나는 그간 너무 공을 들인 작품인데다가 광주 현장에서 직접 기록했다는 자부심이 있었기 때문에 그 제안을 받아들이지 않았다. 물론 원주에서 더 잘 정리할지 의문도 있었다.

그 뒤 다시 이창복 선생께 다시 여쭤본 적은 없지만 당시 이창복 선생이 우리의 제안을 받아들이지 않았던 것은 다른 이유가 있었기 때문이라고 생각된다. 나중에 부산미문화원 방화사건의 배후로 체포되었던 김현장 씨를 이창복 선생이 당시 원주 천주교회에 숨겨주고 있었던 상황이라 우리까지 개입되면 혹시 신변에 문제가 발생할 것을 염려하였기 때문이었으리라 짐작된다.

어쨌든 당시 이 "광주백서" 유인물은 배포되자마자 복사본으로 만들어져 바람 새는 골방에서 비밀리에 널리 읽혔다.

광주의 비극과 참상을 생생히 담은 이 "광주백서"는 그간 소문으로만 전해지던 광주의 진실을 처음으로 복원시켜 전국적으로 알려냄으로써 1980년대 학생운동 및 민주화운동의 불길을 노도와 같이 타오르게 하는 결정적인 역할을 담당하였다. 실제 학생운동은 80년 이후 완전히 침체기에 빠져있었지만, 정확히 "광주백서"가 세상에 나온 82년의 하반기부터 전국적으로 치열하게 전개되었으며, 그 이슈는 예외 없이 "광주백서"에서 밝혀진 '광주 학살' 문제였다. "광주백서"가 수행한 역할은 자못 큰 것이었다. 특히 "광주백서"는 광주 진압을 위한 한국 군대의 광주 이동을 미국이 승인한 사실을 적시함으로써 '광주학살 방조'라는 미국의 책임 문제에 대하여 최초로 제기하였다. 이를 계기로 이후 '광주 학살'에 대한 미국의 방조와 책임을 둘러싸고 미국에 대한 반감이 확대되어 반미운동의 무풍지대였던 우리 사회에 미국에 대한 대중적인 반대 운동을 촉발시키는 기폭제 역할을 수행하였다.

'광주'는 '광주'를 넘어서야 한다

82년 초에 제작, 배포되었던 "광주백서"는 광주의 진실을 밝혀 전국에 알렸으며, 이후 85년에 출판된『죽음을 넘어, 시대의 어둠을 넘어』(이하 "넘어넘어"로 한다)라는 책의 가장 핵심적인 기본 문헌으로 활용되었다.

　〈신동아〉 2011년 1월호는 소설가 황석영의『죽음을 넘어 시대의 어둠을 넘어』가 "광주백서"를 윤문하고 가필하고 베꼈다고 보도하였다. 물론 "넘어넘어" 측이 인정하기 쉽지 않은 상황이었다. 그러나 〈신동아〉는 "광주백서"와 "넘어넘어"의 문장을 하나하나 정밀하게 비교분석하면서 "'죽음을 넘어, 시대의 어둠을 넘어' 전반부는 "광주백서"에 전적으로 기댔다. 골간은 물론이고, 에피소드 전개 순서, 디테일이 같다. '죽음을 넘어, 시대의 어둠을 넘어'엔 "광주백서" 출간 이후 수집한 내용도 섞여 들어가 있다. '죽음을 넘어, 시대의 어둠을 넘어' 후반부에도 "광주백서" 내용이 그대로 담겼으나 전체 내용의 일부일 뿐이다.(〈신동아〉 2011

년 1월호)"라고 결론을 내린다.

결국 이러한 〈신동아〉의 꼼꼼한 분석 기사가 보도됨으로써 결국 "넘어넘어"가 "광주백서"를 토대로 하여 만들어진 사실을 모두가 인정할 수밖에 없었다. 동지가 동지를 망각하고 부인하는 것이야말로 참으로 슬픈 비극이다. '광주'는 '광주'라는 지역과 '광주 시민'이라는 인적 영역에만 갇혀서는 안 되며, 오히려 지역적으로 그리고 인적으로 더욱 포용성을 가져야할 것이다. 그럴 때 '광주'라는 '국지성(局地性)'은 '전국성'을 가질 수 있으며, 그럴 때 비로소 광주가 지닌 민주주의와 인권 그리고 '광주의 정신'은 어떠한 권력이나 세력의 부당한 반동에 의해서도 결코 꺾이지 않는 불가역성을 지닐 수 있게 될 것이다.[5]

"광주백서"는 1985년 전남대 복적생으로서 광주항쟁 당시 전남도청을 지키다가 옥고를 치르고 석방되었던 이재의 씨가 정상용 전 의원 등 광주 운동권의 요청으로 광주항쟁 기록을 정리할 때 "(광주 백서가) 여러 자료 가운데서도 가장 체계적이고 객관적으로 정리된 기록으로서 큰 도움이 되었다."고 증언한 바 있다. 이재의 씨가 재구성한 그 기록은 광주 백서와 글의 전반적인 틀과 구성이 거의 일치하였고, 다만 시민군의 광주시내 장악 이

5   우리는 이명박 정부를 거쳐 박근혜 정부에 이르기까지 '광주민주화운동'이 얼마나 과소평가되고 나아가 적대시되었으며 심지어 "홍어" 등으로 조롱의 대상으로 전락했는지 잘 지켜봤다. 따라서 '광주'는 광주라는 국한성(局限性)을 스스로 뛰어넘어 더욱 전국화되어야 하고, 그리하여 결코 흔들릴 수 없는 민주주의의 보편성을 획득해내야 한다.

후의 내용이 더욱 충실히 보강되었다.

이렇게 정리된 기록은 이후 풀빛출판사에 넘겨졌고 대중적 명망성이나 책의 상업성 그리고 구속 위험 등 여러 조건을 고려하여 황석영의 이름으로 내기로 결정되었다. 내용에 대해서는 손대지 않기로 약속했던 것으로 알려져 있다. 결국 서문과 광주 문화운동 그룹의 활동 등의 내용이 보강되어 1985년『죽음을 넘어, 시대의 어둠을 넘어』라는 제목의 책이 출간되었다.

전남대 5·18연구소 전 소장 나간채 교수는 그의 저서『광주 항쟁 부활의 역사 만들기』중 '5·18 기록 출판운동' 부분에서 "광주백서"부터 "넘어넘어" 출간까지의 과정을 자세하게 정리하고 있다. 나간채 교수는 광주항쟁 기록 '운동'의 역사적 의미에 대하여 다음과 같이 설명한다.

"첫째는 10일 동안 광주를 중심으로 해서 일어났던 항쟁은 수많은 크고 작은 사건들로 이루어져 매우 복잡하고 광범한 내용을 포함하고 있는데, 이에 대한 전체적인 모습을 재구성하여 정리하는 것이 항쟁을 이해하는데 필수적이라는 점이다. 이를 통해서 항쟁의 진실에 더 가까이 다가갈 수 있기 때문이다.

두 번째 이유는 광주항쟁이 권력집단에 의해 폭도들의 난동으로 왜곡되고 계엄군의 만행은 은폐되며 더 나아가 갖가지 근거 없는 유언비어들에 의해 항쟁정신과 그 실상이 훼손되는 현실에 대한 더 체계적이고 직접적인 대응이 절실하다는 판단에 근거하고 있다."

"광주백서"가 그 3년 뒤에야 출판된 북한 광주 책을 베꼈다고?

아직 박근혜가 탄핵되기 전 너무 추웠던 2017년의 어느 겨울날 토요일, 북풍한설 휘몰아치고 체감온도는 영하 20도도 훌쩍 넘어섰다. 너무나 추운 날이었다. 하지만 저녁에 있는 광화문 촛불집회에는 어떠한 일이 있어도 끈질기게 모임으로써 이 땅에서 박정희-박근혜 체제를 청산시켜야 한다는 굳은 결심이 있었다. 오전에 인왕산을 올라갔다가 신촌에 들르기 위해 택시를 탔다.

그런데 도중에 그 택시 기사가 광주의 진실을 아느냐고 물어 왔다. 하도 느닷없는 질문이라 대답을 하지 않고 머뭇거리고 있었더니 그 기사는 광주 비디오가 택시 안에 있다고 했다. 그제야 무슨 비디오냐고 물었더니 북한군이 광주에 투입되었다는 것을 증명하는 비디오라고 대답했다. 하도 어이가 없어 말도 되지 않은 말씀 하지 말라며 목적지에 도달하지 않았지만 택시를 멈추게 하고는 곧장 내렸다.

수십 년이 지난 오늘에 이르러서도 광주의 진실은 여전히 은폐되어 있고, 극심하게 왜곡되고 있으며 매도되고 심지어 조롱까지 당하고 있다. 광주 학살의 진범이 너무나 분명한 전두환까지도 광주를 "북한군의 폭동"으로 묘사하고 있는 상황이니······ 북한군이 개입하여 발생했던 폭동이었다면 당시 군부 지휘의 실질적 책임자는 바로 전두환 자신인데, 전두환 자신이 책임을 다하지 못한 것이고 그 죄를 엄중하게 물어 처벌되어야 할 일이다. 이제 극우 일각에서 북한군 투입설이 제기하자 그 분위기에 편승하여 북한군의 폭동으로 떠넘기다니 참으로 파렴치하고 수치도 모르는 어이없는 행태다.

극우 집단 '일베'를 비롯하여 극우 논객인 지만원 그리고 극우 언론매체 등은 지금에 이르기까지 지속적으로 "광주백서"와 관련하여 나를 '빨갱이'니 '간첩' 혹은 '남파간첩'이라고 명기하여 지칭하면서 내가 북한의 사주를 받아 "광주백서"를 썼다고 억지를 부리며 제멋대로 매도해왔다. 그러나 명백한 팩트(fact)는 "광주백서"가 1981년 초 광주에서 기록하여 1982년에 팸플릿으로 제작 배포되었고, '광주'와 관련된 북한의 책들은 1985년에 비로소 출판되었다는 것이다. "광주백서"가 훨씬 뒤에 출판된, 따라서 존재하지도 않았던 북한 책들을 베꼈다는 것은 얼토당토않은, 그야말로 어불성설의 억지에 불과하다.

특히 그들은 당시 스물두 살, 애송이에 불과한 내가 어떻게 엄청난 광주항쟁을 기록할 수 있었겠느냐면서 심지어 "광주백서"는 내 이름을 이용해 만들어낸 북한 책이라고 주장하거나 혹은 실제로 "광주백서"를 쓴 원 저자는 북한에 있다는 등 황당무계한 주장을 각종 매체에 서슴없이 발표하고 있다.[6]

6   이러한 억지 주장은 지금도 인터넷을 검색해보면 수없이 널려 있다. 이로 인해

한마디로 어이없고 참으로 경솔한 사람들이다. 자신의 생각과 다른 사람에게는 무조건 '빨갱이'나 '종북' 그리고 '간첩'이라는 굴레를 씌운다. '고정간첩'이란 말까지도 등장하고 있다. 솔직히 그간 나도 몇 번이나 그들을 정식으로 고소할까도 했지만, 다시 생각해보면 정말 논할 가치조차 없어 아예 상대를 하지 말자고 두 눈 감고서 이러한 사람들의 행태를 잊고자 노력해왔다.

언젠가는 상당히 이름이 있는 어느 작가가 "광주의 이름 없는 청년들이 썼다고 하면 누가 믿겠나?"라는 식의 우월감으로부터 연유했을 '실언'도 했었다. 그러나 곰곰이 생각해보면 젊은이들의 뜨거운 열정과 초인적인 에너지야말로 우리 인류 역사를 이끌어온 핵심적인 동력이었다. 그리고 바로 그러한 까닭에 젊은이들이 중요할 터이다. 물론 나와 같은 천학비재한 사람을 민족시인 김소월과 비교한다는 것은 천부당만부당한 일이겠지만, 김소월은 그의 가장 뛰어난 작품인 진달래 시를 스물한 살에 썼다.

사실 나는 1970년대부터 북한의 '주체사상'을 비판하면서 남한 중심의 통일 운동을 주장하였다. 이와 관련하여 1989년 내가

이를테면, 어느 지역 상공회의소에서 나에게 중국 문제 관련 초청 강연이 예정되어 있었는데, 내가 '빨갱이'나 '간첩'으로 검색된다는 이유로 취소되기 했다. 또 박근혜 정부 때 이뤄졌던 블랙리스트에도 내 이름이 '당연히' 올라 불이익을 당했을 가능성이 매우 높다고 '확신'한다. 나는 1년에 몇 권씩 저서를 출간하고 있는데, 2011년과 2012년에 총 3권의 저서가 문광부 우수도서로 선정되었었다. 이후에도 출판사와 나 모두 우수도서로 기대할 만한 책을 계속 출간했지만, 블랙리스트가 본격화된 2013년부터 단 한 권도 우수도서에 선정되지 못했다.

김범우라는 필명으로 쓴 『실천적 대중운동론』(도서출판 아침)은
다음과 같이 기술하고 있다.

"통일 운동은 남한 대중의 의식 및 역량에 기초해야만 하며 아울러
남한 대중의 이익에 봉사해야만 한다. 북한 측 입장을 반영하는 측면
이 아무런 매개 없이 노정될 경우, 그것은 일반 대중과 심각하게 유
리되는 현상을 초래하게 될 것이다. 이렇게 남한 대중을 사고의 중
심에 놓는다고 해서 그것이 북한 측 입장을 배제하는 또 하나의 분
열적 사고가 아니냐는 반론이 있을 수 있다. 그러나 남한 대중을 위
한 길은 반드시 우리 민족 전체를 위한 길이 될 것이다. 뿐만 아니라
우리의 통일 운동은 오로지 대중적 결집에 의존할 때만이 발전될 수
있다(189~191쪽)."

나는 6년에 걸쳐 중국 상하이에 있는 푸단(復旦)대학교에서 유
학을 했다. 하지만 북한과 가까이 위치한 중국의 동북지방에는
아예 가지도 않았고 북한 사람들과 한 번 조우한 적도 대화 한
마디 나눈 적도 없다. 나의 이러한 일종의 '비정상적인' 행동 또
한 이 땅에서 수십 년 동안 계속되고 있는 '종북몰이'의 위험을
피하기 위하여 유신 시절부터 체득화된 비극이기도 하였다.

"광주백서"가 지니는 역사적 의미

이른바 '유언비어' 차원에서 입으로만 전해지던 광주의 전 과정을 처음으로 정리해낸 이 지하 팸플릿이 세상에 모습을 드러내자 대단한 반응을 불러 일으켰다.

"광주 백서"의 역사적 의미는 다음과 같이 정리될 수 있을 것이다.

첫째, "광주백서"는 80년 5월 이후 여전히 "폐쇄된 공간"으로 남아 있던 '광주'의 문제를 전국화시키는 데 중요한 역할을 하였다. 즉, '광주'는 전국의 대중들에게 공유되지 못한 채 지역적으로 '국한된' 공간으로 남아 있었고, 이러한 상황에서 "광주백서"는 광주의 진실을 최초로 체계적으로 정리하여 전국적으로 알림으로써 '왜곡되었던 광주 문제'를 광주라는 지역적 한계를 돌파하여 전국적으로 공유하고 확산시키는 중요한 역할을 담당하였다. "광주 백서"가 세상에 빛을 보고 나서 4년이 더 흐른 뒤 "광주 백서"를 기본 토대로 하여 작성, 출간된 『죽음을 넘어, 시대의 아픔을 넘어』책은 더욱 공개적이고 대중적으로 광주의 진상을 알렸다.

둘째, 광주학살의 문제를 한국 민주화운동의 핵심적 이슈로 끌어올리고 전두환 군사정권에 반대하는 투쟁 전선을 강고하게 조직하는 데 중요한 역할을 담당하였다. '광주의 사실'을 기록한 이 비합법 팸플릿을 "바람 새는 자취방에서 숨 죽여 읽으면서"

모두 '광주의 그날'에 비탄의 눈물을 흘려야 했고 필설로 다할 수 없는 전두환 군사정권의 잔학성에 치를 떨었다. 그럼으로써 분연히 떨치고 나아가 군부 살인정권에 대한 투쟁의 대열에 실천적으로 나서도록 결단하게 만들었다. 이러한 결단들의 총화는 1980년대 학생운동, 아니 전체 민주화 운동을 불타오르게 한 중요한 토대였다.

셋째, "광주 백서"는 광주 '학살' 문제에 있어서 미국의 역할과 책임 문제를 처음으로 제기함으로써 이후 미국 문제를 민주화 운동에 있어 핵심 이슈로 끌어올리는 데 하나의 분명하고도 구체적이며 결정적인 논리와 근거를 제시하였다.

"미국, 광주 시위사태 진압 동의"라는 소제목으로 "광주백서"에 실린 미국 관련 내용은 다음과 같다.

한편 이날 미국무성은 성명을 내고 '모든 관계자들이 최대한도로 자제할 것을, 그리고 평화적인 해결을 모색하기 위해 대화를 가질 것을 촉구한다. 불안이 계속되고 폭력사태가 확대되면 외부세력의 위험한 오판을 초래한다'고 밝혔다. 그런데 같은 날 미국방성은 '광주 데모를 진압하는 데 사용할 목적으로 4개 대대의 한국군을 미국 통제 하에 풀어줬다'고 발표했다.

뿐만 아니라 다음날인 23일, 호딩 카터 미국무성 대변인이 카터 행정부는 '남한에서 안보와 질서의 회복을 지원하기로 하는 한편, 정치적 자유화에 대한 압력을 늦추기로 했다' 고 기자들에게 발표했다.

이리하여 미국은 이제 공공연히 전두환 정권을 지원하고 나섰으며 이로써 광주 대학살극의 공범자로서의 책임을 면할 수 없게 되었다.

사실 당시 반공이데올로기의 압도적 분위기 아래에서, 더구나 전두환 군사독재의 서슬 퍼런 탄압 속에서 민주화운동 세력이 미국 문제를 입 밖에 내는 것은 대단히 어려운 시대적 상황이었다. 미국 문제에 대한 제기 자체가 곧바로 반공법이나 국가보안법 위반이었다. 특히 미국에 대한 일반 국민들의 우호적 태도라는 높다란 벽을 쉽게 넘어설 수가 없었다. 따라서 미국 문제를 어떻게 효과적으로 제기할 것인가는 당시 민주화운동 세력이 안고 있던 심각한 고민 중의 하나였다.

이러한 상황에서 "광주 백서"를 통하여 광주 학살에서의 미국의 묵인 내지 방조라는 '구체적인' 증거를 비로소 확보해냄으로써 비로소 미국에 대한 비판은 대중적 동의를 획득할 수 있는 결정적인 계기를 만들어냈다. 그리하여 '반미운동의 무풍지대'로 불리던 이 땅에서 강력한 반미운동을 발화시키는 기폭제로서의 역할을 담당하였다.

실제 1980년대 이후 학생들의 서울 미국문화원 농성 등 격렬하게 전개되었던 반미자주운동은 모두 "광주 백서"에서 제기된 내용을 그 논리적 근거로 하고 있었다.

여기 "광주백서"를 역사에 부활시키며

지금에 이르도록 '광주'의 진실은 밝혀지지 않았다. 돌이켜 보면 집권자와 정치세력 간에 이뤄진 일종의 '묵인'에 의하여 '진상 규명'은 '보상'과 맞바꿔졌으며, 그리하여 '광주'는 그저 지역적 범주로 격하되고 말았다.

언젠가부터 주위의 적지 않은 사람들로부터 "광주백서"를 책으로 내야 하지 않느냐는 말을 들어왔다. 하지만 솔직히 이미 수십 년이 흘러간 "광주백서"를 구태여 출간하려고 생각하지는 않았다.

그런데 박근혜가 탄핵되고 새 정부가 들어선 이후, 특히 영화 '택시운전사'가 상영되면서 광주항쟁의 역사가 다시 수면 위로 부상하였다. 공교롭게 왜곡과 억지주장으로 가득 찬 전두환의 회고록도 출간되어 다시금 '광주 문제'의 불씨를 피웠다.

광주시민에 대한 전두환 일당의 특별하게 잔인했던 진압은 자신들의 비합법적 집권의 합리화를 위해 광주 시민을 '적'으로 간주한 채 기획된 '작전'이었다. 그리고 잔혹한 진압에 의한 압도적 공포 분위기 조성으로 민주화의 열기를 봉쇄함으로써 자신들의 불법 쿠데타에 대한 후환을 노골적으로 제거하고자 한 것이었다. 그러면서 저들은 광주의 진실은 철저히 은폐하고 거꾸로 폭도나 북한 앞잡이의 소행으로 왜곡시켰다.

당시 이런 상황에서 광주의 진실을, 특히 광주라는 폐쇄된 공간의 외부에 그리고 대중들에게 알리는 일은 가장 시급한 과제였다. 이러한 시대적 임무의 실현을 위해 80년 광주에서 항쟁의 전 과정을 최대한 사실에 기초하여 기록하는 작업이 이뤄졌다. 그리고 1982년 초 드디어 "광주백서"는 권력자들의 엄혹한 압제를 뚫고 광주의 진실을 전국에 알렸다. 1985년 풀빛출판사에서 "넘어넘어"가 출간되었고, 광주의 진실은 더욱 공개적이고 광범하게 알려질 수 있었다. 이 글의 앞에서도 설명했듯이, 이 "넘어넘어"는 "광주백서"를 토대로 해 만들어진 책이었다. 최근 "넘어넘어" 개정판이 출간되었다. 그런데 이 개정판은 책의 내용을 완전히 다시 수정함으로써 결과적으로 "넘어넘어"의 개정판이 아니라 광주기록의 다른 책이 되었다. 그리하여 결국 "광주백서"의 내용은 사실상 사라지고 말았다. 이러한 사정에서 "광주백서"를 다시 세상에 살려낼 필요성이 존재하게 되었다.

오늘 이 조그마한 우리의 노력이 광주의 진실을 밝히는 장정에 미력이나마 도움이 되기를 희망한다.